W0194895

MIKI DUERINCK & KRISTIN LEYBAERT

DONNERSTAG IST VEGGIETAG

Genuss und Abwechslung mit vegetarischen Rezepten

Vegetarierbund
Deutschland

ISBN 978-3-517-08711-5

© der deutschen Erstausgabe 2011 by Südwest Verlag, einem Unternehmen
der Verlagsgruppe Randomhouse GmbH, 81673 München
© der belgischen Originalausgabe by Standaard Uitgeverij und
Kristin Leybaert & Miki Duerinck, 2010
Originaltitel: „Donderdag Veggiedag Kookboek"

Alle Rechte vorbehalten. Die Verwertung der Texte und Bilder, auch auszugsweise, ist ohne
Zustimmung des Verlags urheberrechtswidrig und strafbar. Dies gilt auch für Vervielfältigun-
gen, Übersetzungen, Mikroverfilmung und für die Verarbeitung mit elektronischen Systemen.

Rezeptfotografie und Foodstyling: Heikki Verdurme www.caffelatte.be
Design: Dominic Van Heupen

Projektleitung dieser Ausgabe: Eva Wagner
Redaktionsleitung: Susanne Kirstein
Übersetzung: Gerrit J. ten Bloemendal
Redaktion: Caroline Kazianka
Gesamtproducing: Bookwerk GbR
Umschlaggestaltung: R. M. E. Eschlbeck/Kreuzer/Botzenhardt, unter Verwendung eines Bildes
von Klaus-Maria Einwanger/foodartfactory
Druck und Verarbeitung: Těšínská tiskárna, Český Tešín
Mit freundlicher Unterstützung des Vegetarierbund Deutschland e.V.

Die Ratschläge in diesem Buch sind von Autoren und Verlag sorgfältig erwogen und geprüft,
dennoch kann eine Garantie nicht übernommen werden. Eine Haftung der Autoren bzw. des Verlags und seiner Beauftragten für Personen-, Sach- und Vermögensschäden ist ausgeschlossen.

Printed in the Czech Republic

Verlagsgruppe Random House FSC-DEU-0100
Das für diesen Titel verwendete FSC ®-zertifizierte Papier *Magno satin* wurde produziert
von Sappi Gratkorn.

9817 2635 4453 62

Inhalt

Weltweit erklären immer mehr Städte, Unternehmen, Organisationen, Schulen und Universitäten den Donnerstag zum Veggietag. Auch viele Prominente – von Paul McCartney, Sheryl Crow, Doris Day bis zur deutschen Bestsellerautorin Charlotte Link – sprechen sich für einen fleischfreien Wochentag aus. Der Vegetarierbund Deutschland (VEBU) sowie viele andere Organisationen unterstützen alle, die im Rahmen des Veggietages aktiv werden.

Damit Sie jetzt auch in Ihrer eigenen Küche die Idee des Veggietages umsetzen können, haben wir dieses Kochbuch für Sie zusammengestellt. Mit 52 erprobten und nach Jahreszeit sortierten Rezepten können Sie nun jede Woche des Jahres mindestens eine leckere, vegetarische Mahlzeit zaubern. Bunte Gemüsekuchen, knusprige Snacks, originelle Pastagerichte, duftende Aufläufe und viele weitere pflanzliche Gerichte stehen auf dem Speiseplan. Sie werden staunen, welche Vielfalt an Geschmäckern, Gerüchen, Farben und Konsistenzen fleischfreie Gerichte bieten.

Weitere Rezepte und Informationen, wie Sie einen Veggietag in größerem Rahmen in Ihrem gesellschaftlichen Umfeld umsetzen können, finden Sie unter www.donnerstag-veggietag.de.

Wenn Sie regelmäßig neue Rezepte ausprobieren möchten, kann ich Ihnen unser vierteljährliches Magazin „natürlich vegetarisch" wärmstens empfehlen. Neben kreativen Rezeptideen bietet es Ihnen auch Koch- und Gesundheitstipps, Rezensionen und spannende Interviews mit prominenten Vegetariern. Auf www.vebu.de können Sie das Magazin einfach abonnieren und als Mitglied des VEBU erhalten Sie es sogar kostenlos.

Ich wünsche Ihnen gutes Gelingen, lassen Sie es sich schmecken!

Sebastian Zösch
VEBU – Vegetarierbund Deutschland e.V.

Warum „Donnerstag ist Veggietag" so eine tolle Idee ist.

Allgemein wird viel zu viel Fleisch konsumiert, und das hat leider Folgen für die Gesundheit, die Umwelt, die Tiere und die Lebensmittelversorgung der gesamten Erdbevölkerung. Wer sich von der Kampagne „Donnerstag ist Veggietag" inspirieren lässt und an einem Tag der Woche kein Fleisch und Fisch isst, durchbricht alte Gewohnheiten und tut dabei etwas Gutes.

Viele Menschen wissen gar nicht, wie köstlich ein rein vegetarisches Essen schmecken kann. Sie denken meist nur an die leer bleibende Stelle auf ihrem Teller. Doch genau da liegt die Herausforderung, denn dieser Freiraum lässt sich leicht mit schmackhaftem vegetarischen Essen füllen. Wer will, kann nun jeden Donnerstag neue wunderbare Rezeptideen ausprobieren, die sich auf rein pflanzliche Zutaten stützen. So wird der Donnerstag zu einem ganz besonderen Tag, der viel Neues und Schmackhaftes bietet.

So verwöhnen Sie nicht nur sich selbst und Ihre Familie, sondern tun auch dem gesamten Planeten etwas Gutes. Weil langsam in das menschliche Bewusstsein dringt, dass der ökologische Fußabdruck, den der Mensch auf der Erde hinterlässt, viel zu groß ist, wird verstärkt damit begonnen, Häuser zu dämmen, Sonnenkollektoren zu installieren, Energiesparlampen zu verwenden und öfter auch einmal Rad zu fahren.

Gleichzeitig richtet sich das Augenmerk vieler Menschen auch auf ihre Essgewohnheiten, sie achten darauf, Produkte der Saison oder biologische Lebensmittel zu kaufen. Doch es ist noch mehr möglich. Die tägliche Fleischportion auf dem Teller fällt bei der Berechnung des ökologischen Fußabdrucks stark ins Gewicht. Denn die Viehzucht trägt mit nicht weniger als einem Fünftel zum globalen Ausstoß von Klimagasen bei.

Kommt das wirklich nur, weil Kühe so viel Gas ausstoßen?

Das ist sicherlich ein bedeutender Punkt, denn eine Kuh gibt täglich etwa 150 Liter Methangas an die Atmosphäre ab. Doch es sind noch einige andere Faktoren in der Fleischproduktion für den hohen CO_2-Ausstoß verantwortlich.

Der Flächen- und Wasserbedarf für den Anbau von Futtermitteln für Nutztiere ist groß, sehr groß sogar. Nicht weniger als 75 Prozent der weltweiten landwirtschaftlichen Nutzfläche werden für Viehzucht und die Futtermittelproduktion verwendet. Auch die Abholzung des Regenwaldes im Amazonasgebiet dient zum größten Teil der Produktion von Futtermitteln wie Soja. Und natürlich sind die CO_2-Emissionen umso gravierender, je weniger Natur übrig bleibt.

Für die Produktion eines einzigen Kilogramms Rindfleisch werden 15 000 Liter Wasser benötigt. Das ist enorm viel. Im Vergleich dazu: Ein Kilogramm Kartoffeln braucht nur etwa 500 Liter Wasser, ein Kilogramm Weizen etwa 900 Liter.

Und dann sind da ja auch noch die Exkremente der gewaltigen Viehbestände. Schockierend ist, dass all diese Tiere zusammengenommen 60-mal so viel Dung produzieren wie die gesamte Erdbevölkerung! Dieser Dung führt aber nicht nur zu einer massiven Boden- und Wasserverschmutzung, sondern setzt auch noch Gase wie etwa Lachgas frei, das noch viel schädlicher ist als CO_2.

Der Gesamtausstoß an CO_2, den das Fleisch auf unserem Teller verursacht, ist also ein Konglomerat zahlreicher Faktoren. Der Anbau von Futtermitteln, die Viehzucht, die Fleischverarbeitung und der Transport von Futtermitteln und Fleischerzeugnissen – all diese Dinge haben einen Anteil am Klimawandel.

> Wie wichtig es ist, weniger Fleisch zu essen, beweist folgender Vergleich: Mit fleischloser Kost aller Einwohner Deutschlands an nur einem Tag der Woche würde so viel CO_2 eingespart, wie sechs Millionen Pkws pro Jahr ausstoßen.

Fleisch einfach durch Fisch zu ersetzen, ist dabei keine gute Alternative, denn auch der Fischfang hinterlässt tiefe Spuren in der Umwelt. Die Weltmeere sind fast schon leer gefischt, und durch die moderne Hochseefischerei wird der maritimen Fauna und Flora großer Schaden zugefügt. Zudem ist die Hochseefischerei sehr energieintensiv: Für das Fangen von zum Beispiel einem Kilogramm Plattfisch werden drei Liter Öl benötigt.

Es ist auch äußerst fraglich, ob die Fischzucht auf hoher See eine nachhaltige Lösung des Problems darstellt. Denn Zuchtfische werden zumeist mit anderen Fischarten gefüttert, und auch die stammen aus den Weltmeeren. Manche Arten bekommen zwar pflanzliches Futter, doch dafür muss wiederum ein Stück Regenwald weichen.

Zum Glück hat die vegetarische Ernährung aber jede Menge Vorteile!

Die Einschränkung oder der Verzicht auf Fleischkonsum wirken sich positiv auf das Wohlergehen der gesamten Menschheit aus. Wird weniger Fleisch konsumiert, bleibt mehr Fläche für den Gemüseanbau, und das lohnt sich. Denn für die Produktion von einem Kilogramm Fleisch werden im Schnitt sieben Kilogramm Getreide benötigt. Etwa 40 Prozent des globalen Getreideanbaus dienen der Futtermittelproduktion. Leicht auszumalen, wie viele der rund einen Milliarde hungernden Menschen hiermit ernährt werden könnten.

Außerdem dient vegetarische Ernährung dem Tierschutz. In einem Land wie Deutschland werden alljährlich Hunderte Millionen von Tieren geschlachtet. Natürlich fehlt es am Platz, um all diese Tiere vorher artgerecht auf der Weide grasen oder im Schlamm wälzen zu lassen. Eine Reduzierung des Viehbestandes könnte dazu beitragen, die Lebensumstände aller verbleibenden Tiere immens zu verbessern.

Und auch für jeden Einzelnen lohnt sich weniger Fleischkonsum, denn „veggie" ist gesund und lecker!

Veggie ist gesund!

Wie steht es eigentlich mit dem Nährwert von pflanzlichen Nahrungsmitteln? Die meisten Menschen glauben immer noch, dass das tägliche Stück Fleisch auf dem Teller gesund und Fleisch daher der wichtigste Bestandteil einer jeden Mahlzeit ist. Daher gilt bei vielen der Grundsatz: Ein Essen ohne Fleisch ist kein richtiges Essen. Doch Gewohnheiten ändern sich, und heute ist bekannt, dass viel zu viel Fleisch konsumiert wird und der Körper sich durchaus über „einen Tag ohne" freut.

Da Fleisch seit jeher ein hoher Nährwert beigemessen wird, scheint es vielen schwerzufallen, auf Fleisch zu verzichten. Aber seien wir ehrlich: Ist es wirklich notwendig, an allen Wochentagen Fleisch zu essen?

Doch selbst wer sich jeden Tag vegetarisch ernähren möchte, kann problemlos gesund bleiben. Niemand muss dabei über Nährwerttabellen brüten oder sich stundenlang mit geeigneten Lebensmittelkombinationen auseinandersetzen. Und niemand muss jeden Tag Tofu essen. Es stimmt nämlich durchaus nicht, dass in jeder Mahlzeit diverse Eiweißquellen quasi als Fleischersatz kombiniert werden müssen. Das regelt unser Körper selbst. Das Wichtigste ist eine vielseitige Ernährung, sprich mit ausreichend Getreideprodukten, Hülsenfrüchten, Nüssen, Obst und Gemüse.

> Wer regelmäßig weniger Fleisch isst, konsumiert dadurch automatisch mehr Obst, Gemüse, Getreideprodukte, Hülsenfrüchte und auch Nüsse. Das wiederum wirkt sich positiv auf den Körper aus.

Die Fettaufnahme wird reduziert und die Fette, die aufgenommen werden, sind gesünder. Das schützt vor Herz- und Gefäßkrankheiten sowie Fettleibigkeit.

Außerdem werden mehr Ballaststoffe zugeführt, die eminent wichtig für das Darmsystem sind. Sie sorgen dafür, dass Schadstoffe schneller den Körper verlassen, und senken den Cholesterin- und Östrogengehalt im Blut. So schützen auch Ballaststoffe vor Krebs und Herzkrankheiten.

Die Zahl der sogenannten natürlichen Killerzellen in unserem Körper nimmt gleichfalls zu, was zu einer Stärkung des Immunsystems und der besseren Abwehr von Tumorzellen und Viren führt.

Vegetarisch essen bedeutet auch, mehr Antioxidantien und andere wichtige Stoffe, die in Pflanzen enthalten sind, aufzunehmen und damit das Risiko chronischer Erkrankungen zu verringern.

Frisches Obst und Gemüse sind reich an Vitaminen und Mineralstoffen, die ein gesunder Körper unbedingt braucht.

> Eine ausgewogene vegetarische Ernährung enthält alle wichtigen Nährstoffe wie Eiweiß, Eisen, Kalzium, Zink oder Vitamine.

Veggie ist köstlich!

Warum steigen wir dann nicht alle auf vegetarische Ernährung um? Die Antwort ist ganz einfach. Seit langer Zeit schon sind wir an eine tägliche Fleischportion gewöhnt. Und für viele bedeutet gut essen, nicht auf das tägliche Fleischgericht zu verzichten. Unsere kulinarische Tradition hat sich so einseitig in Richtung Fleisch und Fisch entwickelt, dass die meisten Menschen sich gar nicht mehr vorstellen können, dass ein vegetarisches Gericht wirklich wunderbar schmeckt. Deshalb wenden wir uns zunächst der Frage zu, wie eine vegetarische Mahlzeit am besten zubereitet werden kann.

> Es ist nicht schwer, vegetarische Gerichte zuzubereiten, die mindestens genauso köstlich sind wie Fleischgerichte.

Wer will, kann bestehende Fleischgerichte „vegetarisieren" …

Das heißt, dass an Stelle von Fleisch eine Alternative auf den Teller kommt, die nicht nur ähnlich aussieht wie Fleisch, sondern vielleicht sogar ähnlich schmeckt. Für den Koch ist die Verwendung von Fleischalternativprodukten eine ziemlich sichere und einfache Sache, da er so bereits bekannte Gerichte zubereiten kann. In einigen Rezepten dieses Buches, die eigentlich aus der Fleischküche stammen, wird beispielsweise Seitan verwendet. Neben Seitan gibt es auch vegetarische Fertigprodukte wie zum Beispiel Gemüseburger, Frikadellen, Würstchen, Wokstreifen. Und das Angebot in diesem Bereich wächst ständig, sowohl in Naturkostläden als auch in Supermärkten. Es macht Spaß, all diese Produkte auszuprobieren und ihren Geschmack zu entdecken.

Das Problematische an dieser Methode ist, dass die fleischlose Variante natürlich mit dem Originalrezept verglichen und dabei als etwas anderes und womöglich weniger gelungenes Imitat abgewertet wird. Um dies zu vermeiden, empfiehlt es sich, dem vegetarischen Gericht zum Beispiel durch ausgefallene Gewürze eine besondere Note zu verleihen, Akzente zu setzen oder Geschmackskontraste zu schaffen. Süß, sauer, salzig und bitter können beispielsweise gut kombiniert werden. Sie können bedenkenlos Pflanzenfett verwenden, denn dies ist ein wunderbarer Geschmacksverstärker!

Neben Fleischalternativprodukten gibt es noch einige Produkte, die nicht wie Fleisch aussehen oder schmecken, so zum Beispiel Tofu und Tempeh. Sie eignen sich zwar weniger für typische Fleischgerichte, Sie sollten sie aufgrund ihrer vielseitigen Verwendungsmöglichkeiten aber unbedingt einmal ausprobieren.

... oder seiner Kreativität mit den zahlreichen pflanzlichen Produkten freien Lauf lassen.

Hinter dem Versuch, Fleisch zu ersetzen, steckt allerdings keineswegs die Überzeugung, dass dies unbedingt nötig wäre. Fleisch enthält zwar viele wertvolle Nährstoffe wie etwa Eiweiß, Eisen oder Vitamine der B-Gruppe, jedoch sind all diese Stoffe ebenso in pflanzlichen Produkten enthalten. Auch Fleischalternativprodukte sind für eine gesunde Ernährung nicht unbedingt notwendig.

Obst, Gemüse, Nüsse, Hülsenfrüchte und Getreide enthalten ausreichend Nährstoffe für die tägliche Ernährung. Die Überzeugung, dass Bohnen mit Getreide kombiniert werden müssen, um eine vollwertige Eiweißaufnahme sicherzustellen, gehört gleichfalls der Vergangenheit an. Wer sich abwechslungsreich ernährt, macht alles richtig.

Dadurch, dass die traditionelle Ernährung nicht mehr länger als allein gültiger Maßstab gilt, findet zurzeit eine wahre Revolution im Kochbereich statt. Pflanzliche Produkte werden immer mehr in ihrer großen Vielfalt entdeckt und keineswegs nur mehr als Nebensache angesehen. Und was ist dadurch gewonnen? Diese Produkte offenbaren ein enormes Potenzial und erlauben fantastische Kombinationen. Eine ganze Welt neuer Möglichkeiten eröffnet sich in der Küche, die es zu entdecken lohnt! Viele Gerichte sind in ihrer Zusammenstellung so ungewöhnlich, dass sie zugleich überraschen und begeistern. So wird es schwer, der Versuchung zu widerstehen, schon in der Küche zu naschen. Wer experimentierfreudig ist, wird schnell feststellen, dass sich jedes Gemüse auf sehr unterschiedliche Art und Weise zubereiten lässt. Außerdem können die verschiedenen Gemüsesorten beliebig kombiniert werden. Angesichts all der kulinarischen Möglichkeiten, die alle weiteren pflanzlichen Produkte außerdem bieten, wird Kochen so zu einer wahren Entdeckungsreise!

> Höchste Zeit, die Töpfe und Pfannen aus dem Schrank zu holen und loszulegen. Es gibt so viele köstliche Dinge, die Sie vielleicht noch nie gekostet haben! Kurzum: „The sky is the limit!"

Mehr Informationen finden Sie unter www.donnerstagveggietag.de.

Die mit einem ✓ gekennzeichneten Rezepte sind vegan (enthalten also keine Tierprodukte) oder können als veganes Gericht zubereitet werden.

Wenn nicht anders angegeben, sind die Rezepte für 4 Personen gedacht.

Frühling

✔ Frikadellen

*Diese köstlichen Frikadellen schmecken wunderbar würzig
und passen wirklich zu jeder Jahreszeit!*

350 g Seitan
1 Schalotte
1 Knoblauchzehe
1 kleine Karotte
1 Bund glatte Petersilie
1 Bund krause Petersilie
1 unbehandelte Zitrone
Olivenöl
½ EL Mehl
2 EL Weißwein
30 g Weißbrot vom Vortag
oder Semmelbrösel
1 Ei (oder ✔ 2 TL Maisstärke
mit 1 EL Wasser vermischt)
1 EL geriebener Parmesan
(oder ✔ 1 EL Hefeflocken)
1 Prise Muskat
Pfeffer und Salz

- Den Seitan würfeln. Die Schalotte und den Knoblauch abziehen und fein würfeln.
- Die Karotte waschen, putzen und in Stücke schneiden. Glatte und krause Petersilie waschen, trockenschütteln und fein hacken. Die Zitrone heiß abwaschen, trockentupfen und die Schale von ½ Zitrone abreiben.
- Etwas Öl in einer Bratpfanne erhitzen und die Schalotte bei schwacher Hitze anbraten.
- Karotte, glatte Petersilie und Knoblauch dazugeben und mitbraten, bis das Gemüse halbgar ist. Seitan dazugeben und mitbraten, bis das Gemüse gar ist.
- Etwas Mehl in die Pfanne streuen, mit Weißwein ablöschen und ausdampfen lassen.
- Die Pfanne vom Herd nehmen und die Mischung abkühlen lassen.
- Weißbrot oder Semmelbrösel dazugeben und alles in der Küchenmaschine pürieren.
- Zum Schluss krause Petersilie, 1 Ei (oder Maisstärke mit Wasser), abgeriebene Zitronenschale und Parmesan (oder Hefeflocken) dazugeben, mit Muskat, Pfeffer und Salz abschmecken und alles gut vermischen.
- Aus diesem Teig Bällchen formen, platt drücken und die Frikadellen in Olivenöl goldbraun braten.

WAS PASST DAZU?

Zu diesen Frikadellen passt fast alles. Wir empfehlen einen Endiviensalat in weißer Sauce, Reis und Spitzkohl mit Karotten (S. 41) oder Rote-Bete-Salat.

✔Überbackene Cannelloni mit Champignons, Oliven und Lauch

Die Cannelloni werden mit einer feinen Mischung aus Champignons und Oliven gefüllt. Danach werden sie mit einer frischen Lauchsauce übergossen und überbacken. Den Reisgrieß zum Binden der Füllung gibt es in jedem Supermarkt.

650 g Champignons
150 g entsteinte schwarze Oliven
400 g Zwiebeln
3 Knoblauchzehen
Öl
2 TL Sojasauce
Pfeffer und Salz
5 TL Reisgrieß
1 Lauchstange
400 ml Sojarahm
1 EL Zitronensaft
16 Cannelloni
75 g Parmesan (oder
✔ 75 g Hefeflocken)

- Den Ofen vorheizen (180 °C Elektrohitze, 160 °C Umluft, Stufe 2–3 Gashitze).
- Die Champignons mit einem feuchten Tuch abreiben und in Scheiben schneiden. Die Oliven fein hacken. 300 Gramm Zwiebeln und 2 Knoblauchzehen abziehen und würfeln.
- Die Zwiebeln bei schwacher Hitze in etwas Öl glasig anbraten. Knoblauch, Oliven und Champignons dazugeben und abgedeckt garen lassen.
- Sojasauce hinzugeben und mit Pfeffer und eventuell 1 Prise Salz würzen. Den Reisgrieß unterrühren, um das Ganze etwas einzudicken.
- 100 Gramm Zwiebeln und 1 Knoblauchzehe abziehen und würfeln. Die Lauchstange waschen, putzen und den weißen Teil in dünne Ringe schneiden. Zwiebeln, Knoblauch und Lauchringe bei schwacher Hitze in etwas Öl anbraten, mit Sojarahm und Zitronensaft übergießen und mit Pfeffer und Salz abschmecken.
- Die Cannelloni mit der Champignonmischung füllen und nebeneinander in eine gefettete Ofenform legen. Die Sauce darübergießen und mit frisch geriebenem Parmesan (oder Hefeflocken) bestreuen.
- Die Cannelloni 30 Minuten im Ofen backen.

WAS PASST DAZU?

Zu diesen leckeren Cannelloni schmeckt am besten ein gemischter grüner Salat mit Radieschen.

✓ Knuspriger Spargel mit Frühlingssauce

Natürlich ist es unmöglich, Spargel knusprig zu braten, aber wir kennen da einen tollen Trick.
Wickeln Sie jeweils zwei Spargelstangen in Brickteig ein und braten Sie dann die Päckchen an.
Das geht ganz schnell! Zu diesen knusprigen Spargelpäckchen gibt es noch eine würzige Sauce.

16 Spargelstangen
Salz
2 Tomaten
100 g Champignons
1 Bund Frühlingszwiebeln
100 g Bratbutter
oder Sojabutter
1 TL Estragon
Pfeffer
Olivenöl
4 Brickteigblätter
(Supermarkt)

- Den Spargel mit einem Sparschäler sorgfältig schälen, holzige Enden abschneiden. Salzwasser zum Kochen bringen und Spargel darin weich kochen. Dann aus dem Topf nehmen, abkühlen und abtropfen lassen.
- Inzwischen die Sauce zubereiten. Hierzu die Tomaten kurz mit kochendem Wasser überbrühen, enthäuten, entkernen und das Fruchtfleisch würfeln. Die Champignons putzen und klein schneiden. Die Frühlingszwiebeln waschen, putzen und in Ringe schneiden. Die Butter in einer Pfanne erhitzen, die Tomaten dazugeben und mit Estragon, Pfeffer und Salz bestreuen. Etwas später die Champignons dazugeben und 5 Minuten mitgaren. Zum Schluss die Frühlingszwiebeln hinzugeben.
- Über die abgekühlten Spargelstangen ein wenig Olivenöl träufeln, mit Pfeffer und Salz würzen.
- Ein Brickteigblatt halbieren und eine Hälfte mit Olivenöl bestreichen. 2 Spargelstangen in die Mitte legen, parallel zur ursprünglichen Mittellinie, und einrollen. Dies mit den restlichen Spargelstangen und Brickteigblättern wiederholen.
- Die Spargelpäckchen von allen Seiten in etwas Olivenöl goldbraun braten.

WAS PASST DAZU?
Dieses köstliche Gericht schreit förmlich nach Spinat und Kartoffelpüree!

Grüne Pfannkuchen mit cremiger Blumenkohlfüllung

Um grüne Pfannkuchen zu erhalten, müssen Sie den Spinat und den Estragon bereits
vor dem Backen unter den Teig mischen. Die Blumenkohlcreme,
die wir als Füllung verwenden, würzen wir mit frischem Dill.

Für die Füllung:
1 Blumenkohl (etwa 500 g)
Salz
200 ml Sojarahm
100 g Brie
1 TL frischer Dill
Pfeffer

Für die Pfannkuchen:
50 g frischer Spinat
100 g Mehl
3 Eier
300 ml Milch
1 EL Estragon
Pfeffer und Salz

Öl oder Bratbutter

- Erst die Füllung zubereiten. Hierzu den Blumenkohl putzen und waschen. In Röschen teilen, in Salzwasser kochen und abkühlen lassen. Anschließend mit Sojarahm und Brie vermischen und pürieren. Das Püree mit gewaschenem, klein gehacktem Dill, Pfeffer und Salz würzen.
- Den Spinat waschen, trockenschütteln und klein schneiden. Den Teig für die Pfannkuchen herstellen. Dazu das Mehl mit den Eiern verrühren, Milch und Spinat zugeben und verrühren. Teig mit Estragon, Pfeffer und Salz würzen und durchrühren, bis er gleichmäßig grün ist. Die Spinatstücken bleiben sichtbar.
- Eine Pfanne mit etwas Öl oder Bratbutter erhitzen und aus dem Teig 16 kleine oder 8 große Pfannkuchen backen.
- Die Pfannkuchen jeweils mit etwas Blumenkohlcreme bestreichen, aufrollen und in eine Ofenform legen. Zum Schluss alle Pfannkuchen im Ofen oder in der Mikrowelle noch einmal kurz erwärmen.

WAS PASST DAZU?

Als wunderbare Ergänzung bieten sich zu diesem Gericht süßsaure Rote Bete an (S. 145), aber auch ein knackiger Chicoréesalat mit Nüssen oder Sprossen schmeckt prima dazu. Und als körnige Beilage eignet sich fast jedes Getreide, zum Beispiel Bulgur.

✔Knusprige marokkanische Filotorte mit Haube

Haben Sie schon einmal Filoteig verwendet? Diese samtweichen und hauchdünnen Teigblätter finden Sie in jedem Supermarkt. Sie lassen sich beliebig falten und mit köstlichen Füllungen bestücken. Wenn die Füllung nicht zu flüssig ist, dann eignen diese Blätter sich sogar für Torten wie diese.

200 ml Orangensaft
1 Döschen Safran
½ TL Zimt
1 TL Currypulver
1 EL Sonnenblumenöl
Salz
Schale von 1 unbehandelten Orange (nach Belieben)
120 g Couscous
½ Zwiebel
½ rote Paprikaschote
20 entsteinte grüne Oliven
8 getrocknete Aprikosen
50 g Mandelblättchen
frischer Koriander
100 g Mais
50 g Cashewkerne
3 Blätter Filoteig
Olivenöl

- Den Ofen vorheizen (180 °C Elektrohitze, 160 °C Umluft, Stufe 2–3 Gashitze).
- Den Orangensaft mit Safran, Zimt, Currypulver, Sonnenblumenöl, Salz und eventuell etwas geriebener Orangenschale vermischen. Couscous mit dieser Mischung übergießen, umrühren und stehen lassen, damit die Körner den Saft vollständig aufsaugen können.
- Die Zwiebel abziehen und würfeln. Paprikahälfte waschen und putzen. Die Oliven in Ringe und die Aprikosen und Paprika in Stücke schneiden. Die Mandelblättchen fein mahlen und den Koriander fein schneiden.
- Zwiebel bei schwacher Hitze anbraten und Paprika hinzugeben.
- Abgesehen vom Filoteig alle Zutaten (auch den Mais und die Cashewkerne) zum Couscous geben. Eventuell etwas Wasser zufügen, wenn die Couscouskörner noch nicht weich sind.
- Ein Filoblatt auf die Arbeitsfläche legen und mit Olivenöl bestreichen. Ein zweites Blatt darauflegen, und zwar so, dass die Ecken des zweiten Blattes nicht auf, sondern neben denen des ersten Blattes liegen. Das obere Blatt mit Olivenöl bestreichen. Ein drittes Blatt auf das zweite legen, und zwar so, dass die Ecken dieses Blattes nicht auf denen der beiden anderen Blätter liegen.
- Eine gefettete Springform mit den drei Blättern auslegen, und zwar so, dass der Mittelteil des Teiges in etwa in der Mitte der Springform liegt. Die überstehenden Ränder der Blätter werden später über die Füllung gefaltet.
- Die Füllung auf die Blätter verteilen und die Ecken der Blätter über die Füllung klappen, sodass die Torte eine Haube erhält.
- Die Torte 30 Minuten im Ofen backen.

WAS PASST DAZU?
Diese Torte schmeckt herrlich mit würzigen Karotten mit Lauch (S. 42) und etwas Chutney oder veganer Mayonnaise (S. 41).

Selbst gemachte Pasteten mit Gemüsefüllung und Zitronensauce

Pasteten selbst zuzubereiten, ist nicht besonders schwer. Und der Vorteil ist, dass Sie Größe und Form selbst bestimmen können.

120 g Blätterteig
Sonnenblumenöl
250 g Karotten
250 g Blumenkohl
150 g grüner Spargel
100 g enthülste grüne Erbsen oder Brechbohnen
150 g Zuckererbsen
1 EL Estragon
Pfeffer und Salz
1 TL Maisstärke
200 ml Sojarahm
1 TL Senf
2 TL Zitronensaft

- Den Ofen vorheizen (200 °C Elektrohitze, 180 °C Umluft, Stufe 3–4 Gashitze).
- Den Blätterteig in 4 Quadrate oder Rechtecke schneiden. Ein Quadrat oder Rechteck auf die Arbeitsfläche legen und mit einem Messer ein Quadrat oder Rechteck einschneiden (aber nicht ganz durchschneiden), das an allen Seiten etwa einen halben Zentimeter kleiner ist. Dies mit den anderen Teigstücken wiederholen. Die Teigstücke mit Sonnenblumenöl bestreichen und etwa 20 Minuten im Ofen backen, bis sie goldbraun und aufgegangen sind. Abkühlen lassen, aber den Ofen warm lassen.
- Die Karotten schälen und in schmale Streifen schneiden. Den Blumenkohl waschen, putzen, trockentupfen und in kleine Röschen teilen. Die unteren Enden der Spargelstangen abschneiden und den Spargel in Stücke schneiden.
- Öl im Wok erhitzen und die Karotten unter ständigem Rühren anbraten.
- Nach 5 Minuten den Spargel und die Blumenkohlröschen hinzugeben. Das Gemüse unter ständigem Rühren anbraten, dass es noch bissfest ist.
- Zum Schluss die Erbsen oder Brechbohnen und die Zuckererbsen dazugeben. Mit Estragon, Pfeffer und Salz würzen und fertig garen.
- Die inneren (eingeschnittenen) Quadrate oder Rechtecke der Blätterteigpasteten vorsichtig abheben, sie dienen später als Hauben. Die Pasteten und die Hauben zum Aufwärmen noch kurz in den Ofen stellen.
- Die Maisstärke in etwas Wasser auflösen. Sojarahm erwärmen, Maisstärke dazugeben und zu einer glatten Sauce verrühren. Sauce mit Senf, Zitronensaft, Pfeffer und Salz abschmecken.
- Die warmen Pasteten mit dem Gemüse füllen, jeweils einen Löffel Zitronensauce darübergießen und mit der Haube zudecken. Die restliche Sauce auf die Teller neben die Pasteten geben.

WAS PASST DAZU?

Schmeckt köstlich mit einem Kartoffel-Lauch-Püree. Mehr braucht es gar nicht!

Spinattimbales mit Räuchertofu-Füllung

In einer Mikrowelle lassen sich ganz einfach wunderbare Dinge zaubern. Für die Zubereitung dieser verlockenden Timbales müssen Sie kein Kochprofi sein. Aber das wäre sicherlich eine gute Idee für ein Festtagsessen. Durch den Räuchertofu erhält die Füllung eine milde Räuchernote. Räuchertofu finden Sie im Bioladen. Sollten Sie keinen bekommen, können Sie auch normalen Tofu verwenden.

100 g Schalotten
1 Knoblauchzehe
250 g Champignons
Sonnenblumenöl
100 g Räuchertofu
1 EL Sojasauce
Pfeffer und Salz
1 EL frische Petersilie
100 g frischer
Spinat, ohne Stiele
1 Ei

- Die Schalotten und den Knoblauch abziehen und würfeln. Die Champignons putzen und fein hacken.
- Etwas Öl in einer Pfanne erhitzen und die Schalotten bei mäßiger Hitze glasig anbraten.
- Den Knoblauch und etwas später auch die Champignons dazugeben.
- Alles noch etwas braten lassen und inzwischen den Tofu sehr klein würfeln. Dann den Tofu in die Pfanne geben, mitbraten lassen und mit der Sojasauce übergießen.
- Mit Pfeffer und Salz abschmecken. Die Pfanne vom Herd nehmen und den Inhalt abkühlen lassen. Petersilie waschen, trockenschütteln, fein hacken und dazugeben.
- Als Form für die Timbales können Sie 4 für die Mikrowelle geeignete Kaffeetassen verwenden. In jede Tasse ¼ der Spinatblätter hineindrücken, sodass der Tassenboden damit völlig bedeckt ist. Die Spinatblätter dürfen ruhig etwas über den Rand herausstehen.
- Das Ei mit den abgekühlten Champignons vermischen und in jede Tasse ¼ dieser Füllung geben.
- Die 4 Tassen in die Mikrowelle stellen und 5 Minuten auf höchster Stufe backen.
- Die Tassen vorsichtig umdrehen und so auf einen Teller stürzen, dass die runde Seite oben liegt. Sieht doch toll aus, oder?

WAS PASST DAZU?

Gemüsemacédoine (S. 40) und Reis oder Kartoffeln lassen sich wunderbar mit diesem Gericht kombinieren.

✔ Falafel mit Minze

Eigentlich sind Kichererbsen aus der Dose zu weich für Falafel – eine frittierte
Spezialität aus dem Nahen und Mittleren Osten –, aber mithilfe von gemahlenen
Cashewkernen wird der Teig fest genug, um daraus knusprige Taler zu formen.

1 Knoblauchzehe
4 EL frische Petersilie
200 g Kichererbsen (aus der
Dose; Abtropfgewicht)
200 g Cashewkerne
Inhalt von 2 Beuteln
Pfefferminztee
Pfeffer und Salz
100 g Zwiebeln
½ unbehandelte Zitrone

- Die Friteuse auf 170 °C vorheizen.
- Den Knoblauch abziehen und würfeln. Die Petersilie waschen, trockenschütteln und fein hacken.
- Die Kichererbsen, die Cashewkerne und den Knoblauch mahlen, mit Minze und Petersilie würzen und mit Pfeffer und Salz abschmecken.
- Zwiebeln abziehen und fein würfeln. Die Zitrone heiß waschen, trockentupfen, die Zitronenschale abreiben und 2 Teelöffel Zitronensaft auspressen.
- Alle Zutaten gut vermischen und 12 flache Taler formen.
- Die Taler in der Pfanne braten, bis sie goldbraun sind.

WAS PASST DAZU?

Diese Falafel schmecken sehr gut mit Fenchelsalat mit Orange und Radieschen (S. 40) und veganer Mayonnaise mit Gartenkresse (S. 41) sowie vielleicht noch etwas Couscous oder Reis dazu.

Gebratene Ravioli mit Spinat-Champignon-Salat

Was die Italiener selbst davon halten, ist uns nicht bekannt, aber wir lieben diese ausgefallene Pastavariante! Hierzu werden frische Ravioli oder eine andere gefüllte Nudelart kurz gekocht und dann in Olivenöl angebraten. Schmeckt zusammen mit einem frischen Salat köstlich.

500 g Ravioli mit vegeta-
rischer oder Pilzfüllung
500 g Champignons
250 g frischer Spinat
250 g Cocktailtomaten
1 Bund Frühlingszwiebeln
4 EL Sonnenblumenöl
4 TL Senf
Pfeffer und Salz
Olivenöl

- Die Ravioli 1 Minute in kochendes Salzwasser geben. Vorsichtig aus dem Topf nehmen und abtropfen lassen. Unter kaltem Wasser abschrecken, damit sie nicht aneinanderkleben.
- Die Champignons gegebenenfalls waschen, putzen und dann in Scheiben schneiden. Den Spinat gründlich waschen, trockenschütteln und grob hacken. Die Cocktailtomaten waschen, halbieren und die Frühlingszwiebeln waschen, putzen und in feine Ringe schneiden.
- Sonnenblumenöl mit dem Senf verrühren. Die Salatzutaten mischen und den Salat mit dem Senföl anmachen. Mit Pfeffer und Salz würzen.
- Etwas Olivenöl in zwei großen Bratpfannen erhitzen, die Ravioli darin verteilen und unter gelegentlichem Wenden anbraten.
- Die Ravioli auf einem Salatbett auf den Tellern anrichten.

WAS PASST DAZU?
Eigentlich ist dieses Gericht ein vollständiges Essen, aber Brot ist eine gute Ergänzung.

Spargelauflauf

Wir können die Spargelsaison doch nicht verstreichen lassen, ohne von diesem wunderbaren
Gemüse ausgiebig gekostet zu haben. Ein wahrer Genuss ist dieses einfache Gericht.

500 g weißer Spargel
Salz
50 g enthülste grüne Erbsen
5 Eier
200 ml Sojarahm
1 Bund frischer Estragon
Pfeffer
25 g Mehl
50 g Parmesan

- Den Ofen vorheizen (180 °C Elektrohitze, 160 °C Umluft, Stufe 2–3 Gashitze).
- Den Spargel mit einem Sparschäler gründlich schälen, die holzigen Enden abschneiden und die Stangen in Salzwasser bissfest garen, dann abtropfen lassen. Die enthülsten grünen Erbsen 5 Minuten in Wasser kochen, abtropfen lassen.
- Die Eier mit dem Sojarahm verquirlen. Den Estragon waschen, trockenschütteln und fein hacken. Die Eiermischung mit Estragon, Pfeffer und Salz würzen, nach und nach das Mehl zugeben und das Ganze anschließend gut verrühren.
- Eine metallene Pizzaform oder Tortenform mit Backpapier auslegen. Den gekochten Spargel jeweils in vier Streifen schneiden und den Boden der Form damit bedecken. Die grünen Erbsen darüberstreuen und die Eiermischung darübergießen.
- Parmesan reiben und auf den Auflauf streuen.
- Den Auflauf 30 Minuten im Ofen backen.

WAS PASST DAZU?

Mit gedämpftem Frühjahrsgemüse wie Zuckererbsen, Karotten oder Bohnen und Pommes frites aus neuen Kartoffeln schmeckt dieses Essen so richtig nach Frühling!

✔ Gefüllte Buchweizenpfannkuchen

Kennen Sie das Problem? Beim Pfannkuchenbacken misslingt der erste Pfannkuchen fast immer. Doch der Grund dafür ist nicht etwa eine vergessene Zutat, sondern die reine Ungeduld. Wichtig ist nämlich zu warten, bis die Pfanne wirklich heiß genug ist.

Für die Füllung:
2 EL Rosinen
3 Zwiebeln
Olivenöl
5 Tomaten
1 EL Pinienkerne
2 EL entsteinte schwarze Oliven
2 EL entsteinte grüne Oliven
5 Basilikumblätter
2 EL Kapern
1 EL Weinessig
Pfeffer und Salz

Für 8 Pfannkuchen:
75 g Buchweizenmehl
75 g Mehl
½ TL Backpulver
400 ml (Soja-)Milch
Salz
Bratbutter oder
✔ Sojabutter

- Die Rosinen in etwas Wasser einweichen.
- Die Zwiebeln abziehen und in Ringe schneiden. Etwas Olivenöl in einer Pfanne erhitzen und darin die Zwiebelringe bei schwacher Hitze langsam anbraten, bis sie goldbraun sind.
- Inzwischen die Tomaten kurz mit kochendem Wasser überbrühen und die Haut abziehen. Die Tomaten aufschneiden, entkernen und das Fruchtfleisch würfeln.
- Die Pinienkerne in einer Pfanne ohne Fett rösten. Die Oliven fein hacken. Das Basilikum abwaschen, trockenschütteln und fein hacken. Die Rosinen abtropfen lassen.
- Tomatenstücke, Kapern, Oliven, Pinienkerne, Rosinen und Basilikum zu den Zwiebelringen in die Pfanne geben, kurz garen lassen, Weinessig dazugeben, mit Pfeffer und Salz abschmecken und noch 1 Minute kochen lassen.
- Den Teig zubereiten. Dazu beide Mehlsorten erst mit dem Backpulver und dann mit der (Soja-)Milch vermischen. 1 Prise Salz dazugeben und gut durchrühren.
- In einer großen Bratpfanne etwas Butter erhitzen. Mit einer Suppenkelle Pfannkuchenteig in die Pfanne geben. Den Teig backen, bis die Oberseite trocken ist, dann umdrehen und die andere Seite backen. Auf diese Weise den ganzen Teig verarbeiten.
- Auf jeden Pfannkuchen ⅛ der Füllung geben. Die Pfannkuchen zuklappen und servieren.

WAS PASST DAZU?

Als Beilage eignet sich zum Beispiel gedämpfter Brokkoli oder ein mit frischen Kräutern oder Zitrone gewürztes Brokkolipüree. Kopfsalat mit Bohnen und Schnittlauch (S. 40) schmeckt ebenfalls sehr gut dazu.

✔ Fenchel-Safran-Törtchen

Leckere Gemüsetörtchen ganz ohne Ei? Ja, das geht und noch dazu ganz einfach. Auch den Teig haben Sie im Handumdrehen fertig.

Für die Füllung:
750 g Fenchel
300 ml Sojarahm
1 Döschen Safran
½ TL Kreuzkümmel
Pfeffer und Salz

Für den Teig:
150 g Mehl
4 EL Wasser
4 EL Olivenöl
Salz
Mehl zum Bearbeiten

- Den Ofen vorheizen (180 °C Elektrohitze, 160 °C Umluft, Stufe 2–3 Gashitze).
- Den Fenchel waschen, putzen, in Stücke schneiden und mit der Küchenmaschine fein hacken. Fenchel mit dem Sojarahm in einen Topf geben, Safran und Kreuzkümmel dazugeben, die Mischung aufkochen lassen und offen etwa 15 Minuten köcheln lassen. Sie sollten in der Nähe bleiben, damit Sie ab und zu umrühren können, sodass nichts anbrennt.
- Währenddessen den Teig zubereiten. Dazu Mehl mit Wasser, Öl und Salz vermischen und alles zu einem glatten Teig verkneten. Den Teig in 4 Portionen aufteilen. Die Arbeitsfläche und das Nudelholz mit Mehl bestäuben. Den Teig ausrollen und 4 gefettete Tortenförmchen (Ø etwa 10 Zentimeter) damit auslegen.
- Fenchelpüree mit Pfeffer und Salz abschmecken und auf den Teig in die Förmchen geben. 30 Minuten im warmen Ofen backen, noch warm servieren.

WAS PASST DAZU?

Einfach umwerfend zu Spinat mit Champignons (S. 42). Auch ein Tomatensalat mit Schnittlauch und Frühlingszwiebel schmeckt ausgezeichnet dazu. Sie können auch noch etwas Bulgur dazu reichen.

Knuspriger Auflauf mit Spinat, Ziegenkäse und Zucchini

*Ein Auflauf aus dem Ofen ist immer etwas Köstliches, aber dank seiner
knusprigen Kruste ist dieser einfach unwiderstehlich!*

300 g frischer Spinat
4 Tomaten
3 Zucchini
200 g weicher Ziegenkäse
Pfeffer
Olivenöl
150 g Schalotten
50 g Weißbrot vom
Vortag oder Semmelbrösel
25 g Pinienkerne

- Den Ofen vorheizen (180 °C Elektrohitze, 160 °C Umluft, Stufe 2–3 Gashitze).
- Den Spinat waschen, putzen, trockenschütteln und die Blätter grob hacken. Die Tomaten waschen und in dünne Scheiben schneiden. Die Zucchini waschen, die Enden abschneiden und dann die Zucchini längs in dicke Scheiben schneiden.
- Den Ziegenkäse mit dem Spinat verkneten und mit Pfeffer würzen.
- Die Zucchinischeiben in etwas Olivenöl braten.
- Den Boden einer gefetteten ofenfesten Form mit ⅓ der Zucchinischeiben auslegen und darauf die Hälfte der Tomatenscheiben und die Hälfte des Spinats verteilen. Dann wieder ⅓ der Zucchinischeiben darauflegen und die restlichen Tomatenscheiben und den Rest des Spinats darauf verteilen. Mit einer Schicht Zucchinischeiben abschließen. Den Auflauf 30 Minuten im Ofen backen.
- Inzwischen die Schalotten abziehen, in Ringe schneiden und bei schwacher Hitze in Olivenöl anbraten.
- Das Weißbrot fein hacken (alternativ die Semmelbrösel verwenden) und mit den Pinienkernen, den Schalottenringen und 1 Esslöffel Olivenöl vermischen. Auflauf mit dieser Mischung bestreuen, dann weitere 15 Minuten im Ofen backen.

WAS PASST DAZU?

Eigentlich genügt es, hierzu ein paar Scheiben Bauernbrot zu reichen, aber wer will, kann auch einen herrlichen Fenchelsalat mit Orange und Radieschen (S. 40) dazu anbieten.

FESTLICHE SUPPE

✓Spargelsuppe mit Dill

In dieser milden Suppe dreht sich alles um Spargel!

1 Bund weißer Spargel und 1 Bund grüner Spargel

1 Karotte

1 Lorbeerblatt

einige Pfefferkörner und 1 Prise Salz

500 g Kartoffeln

200 g enthülste grüne Erbsen

½ Blumenkohl

Sonnenblumenöl

1 Bund Dill

100 ml Sojarahm

- Den weißen Spargel schälen und die holzigen Enden abschneiden. Die Schalen aufheben. Grünen Spargel waschen und Enden abschneiden. Die Karotte waschen und in Stücke schneiden.
- 1,5 Liter Wasser in einen Topf geben und mit Spargel- schalen und Karottenstücken – und eventuell noch Resten von Lauch oder Sellerie – aufkochen. Das Lorbeerblatt, die Pfefferkörner und 1 Prise Salz dazugeben und die Brühe 15 Minuten köcheln lassen.
- Inzwischen die Kartoffeln schälen, waschen und würfeln.
- Die grünen Erbsen in Salzwasser kochen und abgießen.
- Den Spargel in Stücke schneiden und die Spitzen beiseitelegen. Den Blumenkohl waschen, putzen, trockentupfen und in Röschen teilen.
- Die Brühe durch ein Sieb in ein Behältnis abgießen.
- Gemüsebrühe erhitzen, die Kartoffelstücke dazugeben und 5 Minuten köcheln lassen.
- Danach die Spargelstücke und Blumenkohlröschen hinzufügen und 5 Minuten köcheln lassen.
- Inzwischen den Dill waschen, trockenschütteln und fein hacken.

- Kurz danach die Spargelspitzen in die Suppe geben, alles weitere 5 Minuten köcheln lassen und dann die Hälfte der grünen Erbsen hinzugeben.
- Die andere Hälfte der grünen Erbsen mit Dill und Soja- rahm vermischen, diese Mischung erst kurz vor dem Anrichten unterrühren.

KÖSTLICHER SALAT

✓Frühlingsgrüner Nudelsalat

Die Sauce für diesen Nudelsalat mit Frühlingsgemüse lässt sich schnell zubereiten: einfach frische grüne Kräuter hacken und mit Olivenöl vermischen. Großartig!

450 g grüner Spargel
100 g Zuckererbsen, Salz
400 g Nudeln (Spirelli, Conchiglie oder Penne)
150 g enthülste grüne Erbsen
1 unbehandelte Zitrone
8 EL Sonnenblumenöl, Pfeffer
2 Bund Basilikum, 1 Bund Minze
50 g Parmesan (oder ✓ 50 g Hefeflocken)

- Den Spargel waschen, die Enden abschneiden und die Stangen dann schräg in Stücke schneiden. Die Zuckererbsen waschen.
- Drei Töpfe mit ausreichend Salzwasser füllen und das Wasser jeweils zum Kochen bringen. Im ersten Topf die Nudeln bissfest garen, im zweiten die Spargelstücke etwa 10 Minuten kochen, und im dritten die Zuckererbsen und die grünen Erbsen 5 Minuten garen.
- Dann das Wasser der drei Töpfe durch ein Sieb abgießen, und den Inhalt jeweils abtropfen und abkühlen lassen.
- Die Zitrone heiß abwaschen, trockentupfen und etwas Zitronenschale abreiben. Die Zitronenschale mit 1 Esslöffel Sonnenblumenöl vermischen und mit Pfeffer und Salz würzen, unter das Gemüse mischen.
- Basilikum und Minze waschen und trockenschütteln. 1 Bund Basilikum und die Minze fein hacken und mit dem restlichen Sonnenblumenöl vermischen.
- Von dem zweiten Bund Basilikum die Blätter abzupfen.
- Die Nudeln mit dem Gemüse und dem Kräuteröl vermischen, die Basilikumblätter unterheben. Nach Belieben mit etwas frisch geriebenem Parmesan (oder Hefeflocken) bestreuen.

TOLLER SNACK

✓Pita mit Falafel und Aioli

Falafel sind ein beliebter Snack aus dem Mittleren und Nahen Osten. Das Rezept für die Zubereitung finden Sie natürlich in diesem Buch, doch Falafel können Sie auch als Fertigprodukt kaufen.

1 Karotte
⅛ Spitzkohl
½ Kopfsalat
1 Knoblauchzehe
2 EL vegane Mayonnaise (S. 41)
(oder nicht vegane Mayonnaise)
2 EL Sojarahm
8 Pitafladen
Falafel (S. 26) (evtl. Fertigfalafel)

- Das Gemüse waschen und putzen. Die Karotte raspeln, den Spitzkohl sehr fein schneiden und den Kopfsalat in Streifen schneiden. Das Gemüse vermischen.
- Nun die Aioli zubereiten: Knoblauch abziehen und in die (vegane) Mayonnaise pressen. Sojarahm dazugeben.
- Die Pitafladen im Toaster rösten und die Falafel in der Pfanne anbraten.
- Die Pitas oben aufschneiden und jeweils mit einem Teil des Salates füllen. Aioli hineingeben und Falafel in die Brote verteilen.

KNACKIGE FRÜHLINGSSALATE

Aus jungem Frühlingsgemüse lassen sich wunderbare Salate zaubern. Experimentieren Sie ruhig drauflos. Kombinieren Sie zum Beispiel verschiedene rohe Gemüsesorten miteinander oder rohes mit gedämpftem oder gekochtem Gemüse.

✔Fenchelsalat mit Orange und Radieschen

1 Fenchel
1 Bund Radieschen
2 Orangen
2 EL Mandelblättchen
50 ml Orangensaft
Saft von ½ Zitrone
1 EL Maissirup (oder nicht veganer Honig)
50 ml Sonnenblumenöl
Pfeffer und Salz

- Den Fenchel waschen, putzen und halbieren. Die Stiele und den harten unteren Bereich entfernen, aber das Grün aufheben. Den Fenchel dann in dünne Scheiben schneiden. Die Radieschen waschen, putzen und die Blätter entfernen. Dann in dünne Scheiben schneiden.
- Die Fenchel- und Radieschenscheiben eventuell eine Viertelstunde in eiskaltes Wasser legen, damit sie knackig werden.
- Die Orangen schälen und filetieren, sodass keine Haut mehr am Fruchtfleisch bleibt.
- Die Mandelblättchen in einer Pfanne ohne Fett anrösten.
- Das Fenchelgrün fein hacken.
- Den Orangensaft mit dem Zitronensaft, dem Maissirup (oder Honig), dem Sonnenblumenöl, Pfeffer und Salz zu einer Vinaigrette vermischen.
- Fenchelstücke mit dem Fenchelgrün, den Orangenfilets, den Radieschenscheiben und der Vinaigrette vermischen. Mandelblättchen darüberstreuen.

✔Kopfsalat mit Bohnen und Schnittlauch

250 g Prinzessbohnen
400 g kleine Kartoffeln
1 Kopfsalat
2 EL vegane Mayonnaise (S. 41)
(oder nicht vegane Mayonnaise)
½ Bund Schnittlauch

- Die Prinzessbohnen waschen und putzen und die Kartoffeln schälen und waschen. Bohnen und Kartoffeln in zwei Töpfen weich kochen, abkühlen lassen.
- Den Salat waschen, putzen, trockenschütteln und zerpflücken.
- Die Kartoffeln halbieren und mit den Bohnen und der (veganen) Mayonnaise vermischen. Den Schnittlauch waschen, in Röllchen schneiden und unterrühren.
- Die Gemüsemischung mit dem Kopfsalat in eine Schüssel geben und vorsichtig vermengen.

✔Gemüsemacédoine

200 g Karotten, 200 g Bohnen
200 g enthülste grüne Erbsen
200 g Kartoffeln, Salz
4 EL vegane Mayonnaise (S. 41)
(oder nicht vegane Mayonnaise)
2 TL Senf
1 EL Estragon, Pfeffer

- Bohnen und Erbsen waschen und putzen, Kartoffeln schälen und waschen und alles in kleine Stücke schneiden.
- Das Gemüse 5 Minuten offen in Salzwasser bissfest kochen. Wasser abgießen, Gemüse gut abtropfen und dann abkühlen lassen.
- Die restlichen Zutaten mit dem Gemüse vermischen.

✓ Spitzkohl mit Karotten

2 Karotten

¼ Spitzkohl

1 EL Kreuzkümmel

Sonnenblumenöl

Weißweinessig

Pfeffer und Salz

- Das Gemüse waschen, putzen und trockentupfen. Die Karotten raspeln und den Spitzkohl sehr fein schneiden.
- Das Gemüse mit Kreuzkümmel, etwas Öl, 1 Schuss Essig vermischen und mit Pfeffer und Salz abschmecken.

SCHNELLE SAUCEN

Eine selbst gemachte vegane Mayonnaise ist eine wunderbare Basis für alle möglichen milden oder würzigen Dipps und zudem viel leichter zuzubereiten als eine normale Mayonnaise.

✓ Grundrezept vegane Mayonnaise

150 ml Sonnenblumenöl

100 ml Sojamilch, 1 TL Senf

1 EL Apfelessig, Pfeffer und Salz

- Sonnenblumenöl, Sojamilch und Senf in eine schmale, hohe Schüssel geben. Apfelessig, Pfeffer und Salz dazugeben und zu einer cremigen Sauce verrühren.

✓ Vegane Mayonnaise mit Gartenkresse

100 g Gartenkresse, 100 ml Sojamilch

150 ml Sonnenblumenöl, 1 TL Senf

1 EL Apfelessig, Pfeffer und Salz

- Gartenkresse unter Wasser abbrausen, trockenschütteln und mit der Sojamilch vermischen.
- Sonnenblumenöl, Sojamilch-Gartenkresse-Mischung und Senf in eine Schüssel geben. Apfelessig, Pfeffer und Salz dazugeben und zu einer cremigen Sauce verrühren.

✓ Vegane Mayonnaise mit Currypulver und Estragon

- 1 Esslöffel Estragon und 1 Teelöffel Currypulver in die vegane Mayonnaise einrühren.

✓ Senfsauce

- 200 Milliliter Sojarahm erwärmen und 1 Esslöffel Senf unterrühren. Abkühlen lassen.

DELIKATE FRÜHLINGSBEILAGEN

An all diesen Beispielen können Sie erkennen, dass es gar nicht so schwer ist, originelle Gemüsegerichte zu erfinden. Wagen Sie einfach mal etwas Neues und Sie werden erstaunt sein, was Sie dabei auf den Tisch zaubern können.

✓Knusprige Blumenkohlröschen mit Mandeln

½ Blumenkohl

Frittierfett

2 EL Buchweizenmehl oder Kichererbsenmehl

2 EL Weizenmehl

Pfeffer und Salz

2 EL Paniermehl

2 EL Mandelblättchen

- Den Blumenkohl waschen, putzen, trockentupfen und in Röschen teilen. Das Frittierfett auf 180 °C erhitzen.
- Die beiden Mehlsorten mit 200 Milliliter Wasser verrühren und mit Pfeffer und Salz würzen.
- Das Paniermehl in einer zweiten Schüssel oder einem tiefen Teller mit den Mandelblättchen vermischen.
- Die Blumenkohlröschen zuerst in der Mehlmischung und dann im Paniermehl wenden.
- Die Blumenkohlröschen goldbraun frittieren.

✓Würzige Karotten mit Lauch

2 Stangen Lauch

500 g Karotten

Olivenöl

½ TL Kreuzkümmel

Pfeffer und Salz

- Den Lauch und die Karotten waschen, putzen, trocken-tupfen und jeweils in etwa 2 Zentimeter große Stücke schneiden.
- Die Karotten bei schwacher Hitze in etwas Olivenöl anbraten und mit Kreuzkümmel, Pfeffer und Salz würzen.
- Nach etwa 5 Minuten den Lauch dazugeben und alles bei schwacher Hitze bissfest garen.

✓Spinat mit Champignons

250 g Champignons

300 g frischer Spinat

1 Knoblauchzehe

1 EL Olivenöl

150 g Kichererbsen (aus der Dose; Abtropfgewicht)

100 ml Sojarahm

1 TL Kräuter der Provence, Pfeffer und Salz

- Die Champignons waschen, putzen und vierteln. Den Spinat waschen, trockenschütteln und nur die Blätter klein schneiden. Den Knoblauch abziehen und fein hacken.
- Die Champignons und den Knoblauch mit Olivenöl in eine Pfanne geben und bei starker Hitze anbraten.
- Spinat dazugeben.
- Kichererbsen und Sojarahm untermischen, sobald die Spinatblätter zusammengefallen sind.
- Mit Kräutern der Provence würzen und mit Pfeffer und Salz abschmecken. Die Pfanne vom Herd nehmen, sobald alles gut durchgewärmt ist.

AUSGEFALLENE BROTAUFSTRICHE

√ Weiße-Bohnen-Mousse

Aus Bohnen lassen sich erstaunlich leckere Gerichte zubereiten. Wir haben einmal 100 Personen danach gefragt, woraus die helle Mousse, die ihnen vorgesetzt wurde, wohl bestehen könnte. Alle Befragten fanden die Mousse köstlich, aber nur einer kam darauf, dass sie aus weißen Bohnen bestand. Meistens verwenden wir dafür getrocknete weiße Bohnen, aber im Frühling bieten sich auch frische enthülste Ackerbohnen an.

100 g getrocknete weiße Bohnen oder
200 g weiße Bohnen aus der Dose
100 ml Olivenöl
Saft von 1 Zitrone
Pfeffer und Salz
frische Kräuter (nach Belieben)

- Falls Sie getrocknete Bohnen verwenden, müssen Sie diese bereits am Vortag in Wasser einweichen und 24 Stunden stehen lassen.
- Die eingeweichten Bohnen abgießen, zwei Stunden in Salzwasser kochen und abtropfen lassen. Die Bohnen aus der Dose nur abspülen und abtropfen lassen.
- Die Bohnen mit Olivenöl und Zitronensaft mischen und mit Pfeffer und Salz würzen. Das Ganze pürieren und abkühlen lassen. Kräuter waschen, trockenschütteln, fein hacken und unter das Bohnenpüree mischen. Eventuell noch etwas Wasser hinzufügen, wenn das Püree zu fest sein sollte.

√ Rote-Bete-Creme mit Meerrettich

Diese Rote-Bete-Meerrettich-Creme schmeckt so raffiniert, dass sie sich sowohl als Aufstrich für Brot oder Toast als auch als pikante Ergänzung zu einer Vorspeise eignet. Eine ausgefallene Leckerei zum Aperitif!

200 g Rote Bete, roh oder vorgekocht
100 g Sonnenblumenkerne
1 EL Zitronensaft
3 TL geriebener Meerrettich
Pfeffer und Salz

- Wenn Sie rohe Rote Bete verwenden, müssen Sie sie erst schälen, waschen und dann in Stücke schneiden. In Salzwasser bissfest garen und abtropfen lassen.
- Wenn Sie vorgekochte Rote Bete verwenden, können Sie sie sofort in Stücke schneiden.
- Die Roten Bete zusammen mit den Sonnenblumenkernen pürieren, mit Zitronensaft und Meerrettich mischen und mit Pfeffer und Salz abschmecken.
- Da Meerrettich schnell seinen scharfen Geschmack verliert, sollten Sie diese Creme möglichst noch am gleichen Tag verzehren.

Sommer

✓ Schnelle asiatische Woknudeln mit Kokosmilch und Tofu

Es gibt Woknudeln, die nur ganz kurz gekocht werden müssen. Sie werden zusammen mit den andere Zutaten und etwas Flüssigkeit in den Wok gegeben und nach nur wenigen Minuten ist dieses leckere Gericht fertig!

1 Knoblauchzehe
20 g frischer Ingwer
400 g Tofu
4 EL Sojasauce
1 ½ TL Currypulver
1 Aubergine
1 gelbe Paprikaschote
1 grüne Paprikaschote
etwas Sonnenblumenöl
Salz
250 g frischer Spinat
1 Bund frischer Koriander
300 ml Kokosmilch
250 g Woknudeln

- Knoblauch abziehen, Ingwerwurzel schälen und beides fein würfeln. Den Tofu in Würfel von etwa 1 x 1 Zentimeter Größe schneiden. Die Sojasauce darübergießen und Knoblauch, Ingwer und ½ Teelöffel Currypulver untermischen. Den Tofu 15 Minuten in dieser Marinade ziehen lassen.
- Inzwischen die Aubergine und die Paprikaschoten waschen, putzen und in Würfel von etwa 1 x 1 Zentimeter Größe schneiden.
- Das Öl im Wok erhitzen und das Gemüse etwa 5 Minuten darin anbraten. Mit 1 Teelöffel Currypulver und etwas Salz würzen, dann Gemüse garen lassen.
- In der Zwischenzeit die Tofuwürfel in der Marinade und etwas Öl anbraten.
- Den Spinat gründlich waschen, trockenschütteln und grob hacken. Den Koriander waschen, trockenschütteln und fein schneiden.
- Die Kokosmilch zum Gemüse in den Wok geben und kurz aufkochen lassen. Nun die Woknudeln unterrühren und bissfest garen lassen.
- Kurz vor dem Anrichten den gehackten Spinat hinzufügen und zusammenfallen lassen. Dann den Tofu und den Koriander dazugeben.

SOMMER

Moussaka mit Auberginen und Linsen

Mit seiner cremigen Oberschicht und den weichen Auberginen ist dieser Auflauf
wunderbar geeignet, um gute Freunde mal so richtig zu verwöhnen …

1 Zwiebel
2 Knoblauchzehen
200 g Karotten
2 Stangen Staudensellerie
Olivenöl
400 g Tomatenstücke
(aus der Dose)
150 g grüne oder
braune Linsen
1 TL Kräuter der Provence
1 TL Kreuzkümmel
1 Messerspitze Chilipulver
Salz
2 Auberginen
3 Eier
500 g Quark
Muskat
Pfeffer

- Den Ofen vorheizen (180 °C Elektrohitze, 160 °C Umluft, Stufe 2–3 Gashitze).
- Zwiebel und Knoblauch abziehen und würfeln. Die Karotten schälen und Staudensellerie waschen, putzen und trockentupfen. Karotten und Sellerie in Stücke schneiden.
- Etwas Olivenöl in einer Pfanne erhitzen und die Zwiebel bei schwacher Hitze glasig anbraten.
- Knoblauch, Karotten- und Selleriestücke hinzugeben und 5 Minuten mitbraten lassen.
- Tomaten und Linsen dazugeben und mit Kräutern der Provence, Kreuzkümmel, Chilipulver und Salz würzen. Das Ganze mindestens 30 Minuten bei schwacher Hitze kochen lassen. Ab und zu umrühren, damit nichts anbrennt.
- Inzwischen die Auberginen waschen, putzen, längs in Scheiben schneiden und in einem kräftigen Schuss Olivenöl anbraten. Den Boden einer gefetteten ofenfesten Form ziegelförmig mit der Hälfte der Auberginenscheiben auslegen. Die andere Hälfte beiseitestellen.
- Die Linsenmischung in einem Wasserbad etwas abkühlen lassen und 1 Ei unterrühren. Dann diese Mischung über die Auberginen in der Form gießen und vollständig mit den restlichen Auberginenscheiben bedecken.
- Den Quark mit 2 Eiern vermischen, mit einer Messerspitze Muskat, Pfeffer und Salz abschmecken und über das Gemüse geben.
- Den Auflauf 1 Stunde im Ofen backen.

WAS PASST DAZU?

Warum nicht gleich ein komplett griechisches Essen servieren mit den typischen reisförmigen Nudeln (Risoni), einem Endiviensalat (S. 109) und Tsatsiki (S. 75)?

✓ Herzhafte Köftespieße

Wer kennt die würzigen türkischen Hackbällchen nicht, die gerne auch auf Spieße aufgesteckt werden?
Es war gar nicht so schwer, eine vegetarische Variante zu finden,
die sich vor dem Original absolut nicht verstecken muss.

½ Zwiebel
1 Knoblauchzehe
1 Karotte
3 Stangen Staudensellerie
100 g Pistazien natur
100 g Vollkornbrot
Olivenöl
265 g Flageolettbohnen (aus der Dose; Abtropfgewicht)
2 TL Garam masala
1 TL Koriander
1 TL Kreuzkümmel
Pfeffer und Salz

- Zwiebel und Knoblauch abziehen und würfeln. Karotte waschen, putzen und raspeln. Staudensellerie waschen, putzen und fein hacken.
- Die Pistazien und das Brot fein mahlen. Zwiebel bei schwacher Hitze in etwas Olivenöl glasig anbraten, Knoblauch und Staudensellerie dazugeben.
- Die Bohnen abspülen, abtropfen lassen und mit den restlichen Zutaten vermischen. Alles mit einer Gabel oder Kartoffelpresse zerdrücken und mit den Gewürzen abschmecken.
- Aus diesem Püree kleine Kugeln formen und diese auf Spieße stecken.
- Die Spieße rundherum kurz anbraten. Vorsicht, sie werden schnell braun und bekommen dann eine Kruste.

WAS PASST DAZU?
Köftespieße mit Basmatireis, Chutney oder veganer Mayonnaise (S. 41) und einem Salat sind eine gelungene Kombination, aber auch ein Gemüsecurry (S. 76) schmeckt gut dazu.

SOMMER

Pizza mit gegrilltem Gemüse

Die Vorlage für dieses Rezept haben wir mitten in Mailand entdeckt. Dort war
diese vegetarische Pizza reichlich mit im Ofen gegrilltem Gemüse belegt ... köstlich!
Sie eignet sich als Vorspeise für 4 Personen oder auch als Hauptgericht.

Für 1 Pizza:

1 rote Paprikaschote
1 gelbe Paprikaschote
100 g Aubergine
100 g Zucchini
3 EL Olivenöl
½ TL Majoran
Pfeffer und Salz
1 Fertigpizzaboden
1 TL Tomatenmark
100 g Mozzarella

- Den Ofen vorheizen (200 °C Elektrohitze, 180 °C Umluft, Stufe 3–4 Gashitze).
- Die Haut der Paprikaschoten mit einem Sparschäler entfernen, Schoten entkernen und dann längs in dicke Streifen schneiden. Aubergine und Zucchini waschen, putzen und in dünne Scheiben schneiden.
- Das Gemüse in eine gefettete ofenfeste Form geben, mit Olivenöl beträufeln und mit Majoran, Pfeffer und Salz bestreuen. Alles gut verrühren und das Gemüse 10 Minuten im Ofen garen.
- Den Pizzaboden in eine gefettete Pizzaform legen und mit Tomatenmark bestreichen. Mozzarella fein würfeln und auf dem Boden verteilen. Anschließend die Auberginen- und Zucchinischeiben nebeneinander auf den Boden legen und die Paprikastreifen kreuz und quer darüber verteilen.
- Die Pizza 20 Minuten im Ofen backen.

Südtiroler Strudel

Es ist durchaus kein kulinarisches Verbrechen, auch einmal verschiedene Kulturen zu mischen. Dieser typisch italienischen Füllung mit Endivie und Oliven haben wir einen Mantel aus orientalischem Filoteig verpasst. Dieses Produkt aus dem Mittleren Osten gibt es fertig im Supermarkt zu kaufen – es eignet sich sehr gut für Experimente!

1 Zwiebel
2 Knoblauchzehen
Olivenöl
50 g Pinienkerne
½ EL Thymian
1 Zucchini
½ Endivie
50 g entsteinte Oliven
100 g Parmesan
Pfeffer und Salz
4 Filoblätter

- Den Ofen vorheizen (180 °C Elektrohitze, 160 °C Umluft, Stufe 2–3 Gashitze).
- Zwiebel und Knoblauch abziehen und würfeln. Die Zwiebel bei schwacher Hitze in etwas Öl glasig anbraten.
- Knoblauch, Pinienkerne und Thymian dazugeben.
- Die Zucchini waschen, putzen, raspeln und mitbraten, bis die Flüssigkeit fast verdunstet ist.
- Die Endivie waschen, putzen und in Stücke schneiden. Die Oliven in Scheibchen schneiden und beides in die Pfanne geben. Das Gemüse unter ständigem Rühren bei schwacher Hitze anbraten, bis die Endivienblätter zusammenfallen.
- Parmesan reiben und das Gemüse damit bestreuen. Mit Pfeffer und Salz abschmecken und das Gemüse abkühlen lassen.
- 2 Blätter Filoteig auf einer Arbeitsfläche ausbreiten und mit Olivenöl bestreichen. 2 weitere Teigblätter darauflegen und die Oberseite ebenfalls mit Olivenöl bestreichen. Die Blätter aufeinander liegen lassen und in 8 Rechtecke schneiden. Jedes Rechteck besteht jetzt aus 4 Blättern.
- ⅛ des Gemüses an den unteren Rand eines jeden Rechtecks geben und die Rechtecke aufrollen. Alle Röllchen in eine gefettete ofenfeste Form legen.
- Die Röllchen 15 Minuten im Ofen backen, umdrehen und erneut etwa 15 Minuten backen.

WAS PASST DAZU?
Wir bleiben in Italien und reichen einen Nudelsalat mit sonnengetrockneten Tomaten und Kapern (S. 74) dazu, der mit einer Tomatenvinaigrette (S. 75) köstlich schmeckt.

✓ Indische Bällchen

Von manchen Leckereien kann man wirklich nicht genug bekommen. Deshalb ein guter Rat: Bereiten Sie von diesen Bällchen am besten gleich eine doppelte Portion zu, denn sie schmecken auch kalt ausgezeichnet. Eine raffinierte Idee für ein Picknick!

1 Zwiebel
1 Knoblauchzehe
40 g frischer Ingwer
1 rote Paprikaschote
2 EL Erdnüsse, ungesalzen
Öl
2 TL Kreuzkümmel
2 TL Garam masala oder Spekulatiusgewürz
Salz
225 g rote Linsen
100 g Rosinen
150 g Buchweizenmehl
Saft von ½ Zitrone

- Zwiebel und Knoblauch abziehen, Ingwerwurzel schälen und alles fein würfeln. Die Paprikaschote waschen, putzen, trockentupfen und in Stücke schneiden. Die Erdnüsse fein mahlen.
- Die Zwiebel bei schwacher Hitze in etwas Öl glasig anbraten und danach Knoblauch und Ingwer dazugeben.
- Die Paprikaschote hinzugeben und mit Gewürzen und Salz abschmecken.
- Die roten Linsen zufügen und alles mit 300 Milliliter Wasser übergießen, dann zugedeckt köcheln lassen, bis die Flüssigkeit vollständig verschwunden ist.
- Die Linsenmischung gut durchrühren und danach Erdnüsse, Rosinen, Buchweizenmehl und Zitronensaft untermischen.
- Aus der Masse kleine Kugeln formen und diese in Öl goldbraun braten.

WAS PASST DAZU?

Bei einem Picknick können Sie die Bällchen einfach neben kaltem Gemüse und Salat anbieten, aber zu Hause können Sie dazu süßsaures Gemüse (S. 77) und Basmatireis servieren.

Gefüllte Paprikaschoten

Eigentlich unglaublich, dass dieses Rezept noch in keinem unserer Kochbücher zu finden ist, denn in unserem Restaurant wurde die Füllung dieser Paprikaschoten in den Himmel gelobt. Wir haben auch schon Chicorée und Zucchini damit gefüllt.

225 g Zwiebeln
1 Knoblauchzehe
100 g Staudensellerie
225 g Haselnüsse
100 g geriebener Käse
2 Eier
½ TL Thymian
½ TL Majoran
Pfeffer und Salz
2 Paprikaschoten

- Den Ofen vorheizen (200 °C Elektrohitze, 180 °C Umluft, Stufe 3–4 Gashitze).
- Zwiebeln und Knoblauch abziehen und würfeln. Sellerie waschen, putzen, trockentupfen und fein hacken. Haselnüsse fein mahlen.
- Nüsse, Zwiebeln, Knoblauch und Sellerie mit dem Käse und den Eiern vermischen und mit Thymian, Majoran, Pfeffer und Salz würzen.
- Die Paprikaschoten waschen, halbieren und putzen. Jede Hälfte mit der Masse füllen.
- 1 Zentimeter Wasser in eine gefettete ofenfeste Form gießen, die Paprikahälften hineinstellen und 35 Minuten im Ofen backen.

WAS PASST DAZU?

Wissen Sie, dass Sie Blumenkohl auch in Scheiben schneiden und in der Pfanne braten können? Das schmeckt sehr gut zu den gefüllten Paprikaschoten. Auch Reis mit Olivenstückchen und frischen Kräutern oder ein Sommersalat aus Tomaten, Sellerie, Gurke und Kapern (S. 75) mit einem Joghurtdressing mit Basilikum passen gut dazu.

SOMMER

✓Spieße mit Räuchertofu und Nektarine

Wir sind ganz begeistert vom feinen Geschmack von Räuchertofu. Sie können ihn im Bioladen kaufen, doch wenn Sie einmal keinen bekommen, können Sie auch auf normalen Tofu zurückgreifen. Die Geschmackskontraste machen diese Spieße zu einer echten Delikatesse.

Für die Marinade für 8 Spieße:
3 EL Zitronensaft
3 EL Olivenöl
2 Knoblauchzehen
3 TL Paprikapulver
3 TL Kräuter der Provence
Pfeffer und Salz

Für die Spieße:
1 rote Paprikaschote
1 Zucchini
2 Nektarinen
350 g Räuchertofu
Olivenöl

- Erst die Marinade zubereiten: den Zitronensaft mit dem Olivenöl verrühren, Knoblauch abziehen und dazupressen, Paprikapulver, Kräuter der Provence, Pfeffer und Salz unterrühren.
- Paprikaschote und Zucchini waschen, putzen und trockentupfen. Die Nektarinen abwaschen und trockentupfen. Die Haut der Paprikaschote eventuell mit einem Sparschäler entfernen.
- Tofu, Paprikaschote, Zucchini und Nektarinen in etwa gleich große Stücke schneiden und mit der Marinade übergießen. Gut durchrühren, damit alles richtig gewürzt wird.
- Die Paprika-, Tofu-, Zucchini- und Nektarinenstücke abwechselnd auf Spieße stecken.
- Dann die Spieße in etwas Olivenöl anbraten.

WAS PASST DAZU?
Schmeckt sehr gut mit einem Rucola-Reis-Salat (S. 74).

Spaghettitafel

Gerade wenn Freunde mit Kindern zu Besuch kommen, ist dieses Essen ganz bestimmt ein Erfolg. Wie bei einer Reistafel servieren wir einige Schälchen mit verschiedenen Zutaten, sodass sich jeder nehmen kann, was er mag. So lassen sich aus einem einfachen Gericht zahlreiche köstliche Varianten zaubern.

50 g Pinienkerne
100 g Schafskäse
50 g entsteinte Oliven
3 EL Pesto
1 Zwiebel
2 Knoblauchzehen
2 Karotten
1 rote Paprikaschote
1 Zucchini
1 Aubergine
Olivenöl
500 g Tomatenstücke
(aus der Dose)
1 TL Kräuter der Provence
Salz
400 g Spaghetti
250 g gewürzte Tofustreifen
½ TL Paprikapulver
Pfeffer

- Die Pinienkerne in einer Pfanne ohne Fett rösten. Den Schafskäse in Würfel schneiden. Pinienkerne, Schafskäse, in Scheiben geschnittene Oliven und Pesto jeweils in ein Schälchen geben.
- Zwiebel und Knoblauch abziehen und würfeln. Die Karotten schälen und in Stücke schneiden. Die Paprikaschote waschen, putzen, trockentupfen und in Stücke schneiden. Zucchini und Aubergine waschen, putzen, trockentupfen und würfeln.
- Zwiebel und Knoblauch bei schwacher Hitze in etwas Öl glasig anbraten.
- Die Karotten- und Paprikastücke hinzugeben und etwa 5 Minuten mitbraten lassen.
- Noch etwas Olivenöl in die Pfanne geben, die Auberginenstücke hinzugeben und kurz mitbraten lassen. Dann die Tomaten und Kräuter der Provence dazugeben und alles unter regelmäßigem Umrühren aufkochen lassen.
- Inzwischen in einem anderen Topf Salzwasser zum Kochen bringen, die Spaghetti hinzugeben und diese bissfest kochen.
- Die Tofustreifen mit Paprikapulver mischen und in etwas Olivenöl anbraten, dann in ein Schälchen geben und auf den Tisch stellen.
- Die Zucchinistücke in die Tomatensauce geben und diese noch etwas köcheln lassen, mit Pfeffer und Salz abschmecken.
- Die Spaghetti in ein Sieb abgießen und abtropfen lassen.
- Die Spaghetti zusammen mit der Sauce und den fünf Schälchen servieren.

✓ Mit Aubergine gefüllte Tomaten

Nicht nur wegen des milden Geschmacks, sondern auch wegen ihrer Konsistenz sind Cashewkerne unsere Lieblingsnüsse. Dieses Rezept beweist, dass sie diesen Spitzenplatz auch absolut verdient haben! Unsere Angaben ergeben die Menge für 4 Tomaten, vielleicht sollten Sie aber lieber gleich die doppelte Portion für Ihre Gäste einkalkulieren.

75 g Zwiebel
1 Knoblauchzehe
200 g Aubergine
Olivenöl
Pfeffer und Salz
75 g Cashewkerne
1–2 EL frische Petersilie
1 EL frische Minze (oder den Inhalt von 1 Teebeutel)
4 Tomaten

- Den Ofen vorheizen (180 °C Elektrohitze, 160 °C Umluft, Stufe 2–3 Gashitze).
- Zwiebel und Knoblauch abziehen und würfeln. Die Auberginen waschen, putzen, trockentupfen und in kleine Würfel schneiden.
- Die Zwiebel bei schwacher Hitze in etwas Olivenöl glasig anbraten und Knoblauch hinzugeben.
- Die Auberginenstücke in die Pfanne geben und das Gemüse mit 1 Esslöffel Olivenöl übergießen. Mit Pfeffer und Salz würzen und das Gemüse fertig garen.
- Inzwischen die Cashewkerne fein mahlen, Petersilie und Minze waschen, trockenschütteln und fein hacken. Alles zum Gemüse geben und gut vermischen.
- Tomaten waschen, an der Oberseite einen Deckel abschneiden, das Fruchtfleisch und die Kerne herauslösen und die Tomaten mit der Masse aus der Pfanne füllen.
- Die Tomaten in eine gefettete ofenfeste Form stellen, die Deckel auf die Tomaten legen und die Tomaten 20 Minuten garen.

WAS PASST DAZU?
Diese Tomaten lassen sich gut mit einem Ragout aus Karotten, Brokkoli und Blumenkohl (S. 110) kombinieren.

SOMMER

✓ Lasagne mit Spinat und Fenchel-Safran-Sauce

Wenn es uns gelingt, einen kulinarischen Klassiker in eine wirklich köstliche vegetarische Variante zu verwandeln, sind wir begeistert. Zwischen den Nudelblättern befinden sich hier Gemüse und eine feine Safransauce. Wer keinen Ofen besitzt, kann für dieses Gericht auch eine Mikrowelle verwenden.

2 gelbe Paprikaschoten
1 Fenchel
Olivenöl
1 Döschen Safran
Pfeffer und Salz
250 g frische Lasagneblätter
1 Zwiebel
1 Knoblauchzehe
2 rote Paprikaschoten
2 Auberginen
350 g frischer Spinat
1 TL Kräuter der Provence
75 g Pinienkerne

- Die gelben Paprikaschoten und den Fenchel waschen, putzen, trocken- tupfen und in Stücke schneiden. Danach beides 5 Minuten in etwas Öl anbraten und dann so viel Wasser zugeben, dass das Gemüse damit bedeckt ist. Mit Safran, Pfeffer und Salz würzen und alles fertig garen lassen. Das Ganze kräftig verrühren, damit eine gelbe Sauce entsteht.
- Die Lasagneblätter in Salzwasser vorkochen.
- Den Ofen vorheizen (180 °C Elektrohitze, 160 °C Umluft, Stufe 2–3 Gashitze).
- Zwiebel und Knoblauch abziehen und würfeln. Die roten Paprikaschoten und die Auberginen waschen, putzen, trockentupfen und in Stücke schneiden. Den Spinat waschen, putzen, trockenschütteln und grob hacken.
- Die Zwiebel bei schwacher Hitze in etwas Öl glasig anbraten und den Knoblauch hinzugeben.
- Die roten Paprika- und die Auberginenstücke zufügen und mit Kräutern der Provence, Pfeffer und Salz würzen. Noch etwas Öl in die Pfanne geben und das Gemüse fertig garen.
- Den Spinat hinzugeben und kurz mitkochen lassen.
- Die Pinienkerne in einer Pfanne ohne Fett rösten.
- In eine gefettete ofenfeste Form schichtweise erst etwas gelbe Sauce, dann Gemüse und Lasagneblätter geben, darauf wieder Sauce, Gemüse und Lasagneblätter. Als oberste Schicht mit Sauce abschließen und den Auflauf mit Pinienkernen bestreuen.
- Die Lasagne 15 Minuten im Ofen backen.

WAS PASST DAZU?
Wenn Sie sich selbst einmal so richtig verwöhnen wollen, dann sollten Sie die Lasagne mit einem Rucolasalat mit Cocktailtomaten und Blumenkohlcouscous (S. 74) kombinieren.

Indischer Eintopf mit Auberginen, Tomaten und grünen Erbsen

Die milden indischen Gewürzmischungen sind wahrhaftig eine Bereicherung für die Küche. Wir können es Ihnen nur ans Herz legen, möglichst oft damit zu experimentieren. Der raffinierte, feine Geschmack all dieser Gewürze macht sogar aus einer gewöhnlichen Kartoffel eine exotische Delikatesse.

500 g Kartoffeln
200 g Aubergine
4 Tomaten
1 Zwiebel
30 g frischer Ingwer
½ Chilischote (nach Belieben)
Sonnenblumenöl
1 EL Kurkuma
1 TL Garam masala oder
Spekulatiusgewürz
(nach Belieben)
150 g Tofu oder 150 g Panir
(indischer Frischkäse)
150 g enthülste grüne Erbsen
Salz
½ Bund frischer Koriander

- Die Kartoffeln schälen, waschen und würfeln. Die Aubergine und die Tomaten waschen, putzen, trockentupfen und in Würfel schneiden.
- Zwiebel abziehen, Ingwerwurzel schälen, beides würfeln. Chilischote waschen, putzen, entkernen und klein schneiden. Danach Hände gut säubern.
- Zwiebel, Ingwer und Chilischote mischen und bei schwacher Hitze in etwas Öl anbraten.
- Die Kartoffeln- und Auberginenstücke hinzugeben und mit Kurkuma und Garam masala (oder Spekulatiusgewürz) würzen. Kurz anbraten lassen und mit heißem Wasser übergießen, sodass das Gemüse bedeckt ist. Alles 5 Minuten bei schwacher Hitze köcheln lassen.
- Die Tomaten hinzugeben und 10 Minuten köcheln lassen.
- Währenddessen den Tofu (oder Panir) würfeln und goldbraun anbraten.
- Die grünen Erbsen zum Gemüse geben und das Ganze fertig garen. Mit Salz abschmecken.
- Koriander waschen, trockenschütteln und fein hacken. Die Tofu- oder Panirstücke erst kurz vor dem Anrichten in die Gemüsemischung geben und alles mit Koriander bestreuen.

WAS PASST DAZU?

Zum Beispiel Basmatireis mit Safran. Diese Kombination sieht nicht nur schön aus, sondern bietet auch eine Fülle an Aromen.

✓ Gegrilltes Gemüse mit Polentakroketten

Eine farbenfrohe Gemüsemischung grob in Stücke schneiden und ab in den Ofen damit –
fertig! Einfacher geht es kaum und das Ergebnis ist wirklich lecker. Während das Gemüse
im Ofen ist, können Sie einige köstliche Polentakroketten als Beilage zubereiten.

1 rote Paprikaschote
1 gelbe Paprikaschote
1 Fenchel
2 Süßkartoffeln
1 Knoblauchzehe
1 TL frischer Rosmarin
3 EL Olivenöl
Pfeffer und Salz
8 Cocktailtomaten
8 entsteinte schwarze Oliven
½ EL Sesam

- Den Ofen vorheizen (180 °C Elektrohitze, 160 °C Umluft, Stufe 2–3 Gashitze).
- Die Paprikaschoten längs vierteln, putzen, waschen und trockentupfen. Den Fenchel waschen, putzen, trockentupfen, längs halbieren und in Scheiben von höchstens 1 Zentimeter Dicke schneiden. Die Süßkartoffeln schälen, waschen und würfeln. Den Knoblauch abziehen und würfeln. Die Rosmarinnadeln fein hacken.
- Die Paprika-, Fenchel- und Süßkartoffelstücke in eine gefettete Ofenform geben, mit Olivenöl übergießen und mit Knoblauch und Rosmarinnadeln bestreuen. Mit Pfeffer und Salz würzen und gut durchrühren.
- Die Form in den Ofen stellen und das Gemüse 40 Minuten grillen. Inzwischen die Cocktailtomaten waschen und trockentupfen.
- Die Form aus dem Ofen nehmen und Cocktailtomaten und Oliven untermischen.
- Mit Sesam bestreuen und das Ganze weitere 15 Minuten im Ofen garen.

Polentakroketten

1 TL Oregano
Pfeffer und Salz
150 g Maisgrieß für Polenta
Olivenöl

- 450 Milliliter Wasser mit Oregano, Pfeffer und Salz würzen und zum Kochen bringen.
- Maisgrieß einrühren und das Ganze unter ständigem Rühren eindicken lassen. Es kann 10 Minuten dauern, bis der Grieß weich ist.
- Die Masse zum Abkühlen in eine flache Schüssel füllen. Dann Kroketten daraus formen und diese in Olivenöl goldbraun braten.

WAS PASST DAZU?
Am besten ein frischer Gurkensalat!

MEDITERRANER SALAT

Auberginensalat mit Minze und Toasts mit Tapenade

Die Toasts mit der Tapenade machen aus diesem mediterranen Salat ein Festessen.

4 Auberginen
1 Gurke
1 gelbe Paprikaschote
150 g Schafskäse (nach Belieben)
½ Bund Minze
200 g Kichererbsen (aus der Dose; Abtropfgewicht)
Saft von ½ Zitrone
Olivenöl
Pfeffer und Salz
1 Baguette
100 g entsteinte schwarze Oliven
20 Kapern

- Die Auberginen waschen, putzen, trockentupfen und mit einem Messer einritzen. Jeweils 4 Minuten in die Mikrowelle (höchster Stand) legen, dann abkühlen lassen.
- Die Gurke schälen, längs vierteln und danach in Stücke schneiden. Die Paprikaschote halbieren, putzen, waschen und trockentupfen, dann in Würfel schneiden. Sofern gewünscht, auch den Schafskäse würfeln. Die Minze waschen, trockenschütteln und fein hacken.
- Das Fruchtfleisch vorsichtig aus den Auberginen herauslösen und grob schneiden.
- Das Auberginenfruchtfleisch mit der Gurke, den Kichererbsen, den Paprikastücken, gegebenenfalls dem Schafskäse und der Minze vermischen. Zitronensaft und einen kräftigen Schuss Olivenöl darübergießen und das Ganze mit Pfeffer und Salz abschmecken.
- Das Baguette in dünne Scheiben schneiden und diese im Ofen rösten.

- Die Oliven zusammen mit den Kapern und etwas Olivenöl pürieren und mit Pfeffer abschmecken.
- Die Toasts mit der Tapenade bestreichen und zum Salat servieren.

AROMATISCHE SUPPE

Provenzalische Suppe mit Cocktailtomaten und Basilikum

Frisches Basilikum verleiht jedem Gericht eine ganz besondere Geschmacksnote, auch dieser Suppe. Da Basilikum nur ganz kurz erwärmt werden darf, wird es erst in letzter Sekunde hinzugegeben.

1 Zwiebel, 1 Lauchstange

2 Fenchel, 2 Karotten, 1 Zucchini

Olivenöl, Pfeffer und Salz

100 g Makkaroni

200 g weiße Bohnen (aus der Dose; Abtropfgewicht)

2 Knoblauchzehen, 2 Tomaten

1 großer Bund Basilikum, 16 Cocktailtomaten

- Zwiebel abziehen und würfeln. Lauch, Fenchel, Karotten und Zucchini waschen, putzen und trockentupfen. Lauch in Ringe, das restliche Gemüse in Stücke schneiden.
- Die Zwiebel bei schwacher Hitze im Topf in etwas Olivenöl anbraten, Fenchel- und Karottenstücke dazugeben. Mit Pfeffer und Salz würzen.
- Das Gemüse mit 1 Liter Wasser übergießen und die Nudeln und die Lauchringe hinzufügen. Die Suppe 15 Minuten köcheln lassen.
- Weiße Bohnen im Sieb abspülen und abtropfen lassen, dann mit den Zucchinistücken zur Suppe geben.
- Knoblauch abziehen und würfeln. Tomaten waschen, putzen, trockentupfen und in Stücke schneiden. ³/₄ der Basilikumblätter in Streifen schneiden. Knoblauch, Tomaten und Basilikum vermischen und einen kräftigen Schuss Olivenöl unterrühren.
- Die Cocktailtomaten halbieren.
- Den Topf vom Herd nehmen und die Tomaten-Basilikum-Mischung sowie die Cocktailtomaten unterrühren. Mit den restlichen Basilikumblättern bestreuen und Baguette dazu servieren.

TOLLER SNACK

Italienische Muffins

Diese herzhaften, nach Basilikum und Pinienkernen schmeckenden Muffins sind ein echter Gaumenschmaus! Tipp: Erst ein bisschen abkühlen lassen und dann genießen.

1 Bund Basilikum

60 g Parmesan

75 g Pinienkerne

200 ml Olivenöl

1 unbehandelte Zitrone

250 ml Milch

2 Eier

225 g Mehl

1½ TL Backpulver

Pfeffer und Salz

- Den Ofen vorheizen (200 °C Elektrohitze, 180 °C Umluft, Stufe 3–4 Gashitze).
- Erst das Pesto zubereiten: Basilikum waschen, trockenschütteln, Blätter abzupfen. 25 Gramm Parmesan, 25 Gramm Pinienkerne und die Basilikumblätter pürieren, 100 Milliliter Olivenöl dazugeben und gut verrühren.
- Die restlichen Pinienkerne in einer Pfanne ohne Fett rösten, bis sie hellbraun werden. Den restlichen Parmesan reiben. Die Zitrone heiß abwaschen, trockentupfen, die Schale abreiben und ½ Zitrone auspressen.
- Die Milch mit den Eiern verrühren, 100 Milliliter Olivenöl, das Pesto und den Parmesan dazugeben und zu einer glatten Masse verrühren.
- Mehl mit dem Backpulver durchsieben. Die Pinienkerne und das gesiebte Mehl zur Masse geben. Alles gut miteinander verrühren und zum Schluss die Zitronenschale und den Zitronensaft hinzufügen. Mit Pfeffer und Salz abschmecken.
- Den Teig in 8 bis 10 Muffinförmchen verteilen und die Muffins 15 bis 20 Minuten im Ofen backen.

KNACKIGE SOMMERSALATE

Jetzt ist die richtige Zeit für Salate. Wenn Sie mal etwas ganz Besonderes auftischen wollen, dann werden Sie hier bestimmt fündig.

✓ Rucolasalat mit Cocktailtomaten und Blumenkohlcouscous

200 g Blumenkohl
250 g Cocktailtomaten
½ Bund Basilikum
2 EL Pinienkerne
50 g Rucola
1 EL Olivenöl
1 Schuss Weißweinessig
Pfeffer und Salz
25 g Parmesan (oder ✓ 1 EL Hefeflocken)

- Den Blumenkohl waschen, putzen, trockentupfen. Die Blumenkohlröschen von den Stielen lösen und zu feinen Körnern mahlen. Die Cocktailtomaten waschen, trockentupfen und halbieren. Basilikum waschen, trockenschütteln und die Blätter abzupfen.
- Die Pinienkerne in einer Pfanne ohne Fett rösten.
- Den Rucola waschen, trockenschütteln, mit den Blumenkohlkörnern, den Pinienkernen, den Basilikumblättern und den Cocktailtomaten vermischen. Olivenöl und Essig dazugeben. Mit Pfeffer und Salz abschmecken und alles gut verrühren.
- Den Rucolasalat mit etwas frisch geriebenem Parmesan (oder Hefeflocken) bestreuen.

✓ Rucola-Reis-Salat

200 g Basmatireis, Öl, Salz
3 Tomaten
100 g Rucola
50 g Pinienkerne, 1 EL Estragon
50 ml Sojarahm, 1 TL Senf

- Den Reis in etwas Öl anbraten, mit 600 Milliliter warmem Wasser ablöschen, umrühren und mit Salz würzen. Den Reis weich kochen und abkühlen lassen.
- Die Tomaten waschen, putzen und in Stücke schneiden. Rucola waschen und trockenschütteln.
- Die Pinienkerne in einer Pfanne ohne Fett rösten.
- Tomaten, Pinienkerne, Rucola, Estragon, Sojarahm und Senf mit dem Reis vermischen.

✓ Nudelsalat mit sonnengetrockneten Tomaten und Kapern

100 g Penne, Salz
100 g grüne Bohnen
½ Blumenkohl
125 g sonnengetrocknete Tomaten
½ Bund Basilikum, 2 EL Kapern
Olivenöl, Pfeffer

- Die Penne in kochendem Salzwasser bissfest garen, abtropfen und abkühlen lassen. Die Bohnen und die Blumenkohlröschen waschen, putzen und jeweils in Salzwasser kochen, dann abkühlen lassen.
- Die getrockneten Tomaten halbieren. Basilikum waschen, trockenschütteln und fein hacken.
- Nudeln, Bohnen, Blumenkohl, Tomaten, Kapern und Basilikum vermischen, 1 Schuss Olivenöl dazugeben und mit Pfeffer und Salz abschmecken.

✓ Tomatensalat mit Sellerie, Gurke und Kapern

½ Gurke

1 Paprikaschote

1 Stange Staudensellerie

2 Tomaten

1 TL Kapern

½ TL Majoran

2 EL Sonnenblumenöl

ein Schuss Weißweinessig

Pfeffer und Salz

- Das Gemüse waschen, putzen und in Würfel schneiden.
- Alle Zutaten miteinander vermischen und den Salat mit Pfeffer und Salz abschmecken.

SCHNELLE SAUCEN

Eine köstliche Tomatenvinaigrette ist im Nu zubereitet. Und auch mit Naturjoghurt lassen sich schnell verschiedene Saucen zaubern. Da Joghurt von sich aus bereits säuerlich ist, genügt schon die Zugabe von etwas Salz und Kräutern.

✓ Tomatenvinaigrette

250 g Tomaten

100 ml Sonnenblumenöl

ein Schuss Weißweinessig

1 TL Oregano, Pfeffer und Salz

- Die Tomaten waschen, putzen, trockentupfen und in kleine Stücke schneiden. Diese mit den restlichen Zutaten vermischen und zu einer schönen Sauce verrühren.

Joghurtsauce

½ Knoblauchzehe

2 EL Naturjoghurt

1 TL Basilikum, Pfeffer und Salz

- Den Knoblauch in den Joghurt pressen, Basilikum unterrühren und das Ganze mit Pfeffer und Salz abschmecken.

Variation: Tsatsiki

½ Gurke

½ Knoblauchzehe

250 g Naturjoghurt

1 TL Dill, Pfeffer und Salz

- Die Gurke waschen, trockentupfen und fein raspeln. Den Knoblauch in den Joghurt pressen. Gurkenraspel und Dill zum Joghurt geben, gut vermischen und mit Pfeffer und Salz abschmecken.

DELIKATE SOMMERBEILAGEN

Aufgrund der großen Gemüsevielfalt können Sie unzählige Kombinationen ausprobieren. Doch variieren lässt sich nicht nur mit den verschiedenen Gemüsesorten, auch die unterschiedlichen Zubereitungsarten eröffnen viele Möglichkeiten. Wir stellen Ihnen hier drei Rezepte mit Sommergemüse vor, wie sie unterschiedlicher kaum sein könnten.

✓ Gemüsecurry

200 g Zwiebeln

2 Knoblauchzehen

1 TL frischer Ingwer

200 g Kartoffeln

200 g Tomaten

½ Blumenkohl

Sonnenblumenöl

1 TL Currypulver

1 TL Kreuzkümmel

Salz

- Zwiebeln abziehen und grob würfeln. Den Knoblauch abziehen, Ingwerwurzel schälen und beides würfeln.
- Die Kartoffeln schälen und waschen, die Tomaten und den Blumenkohl waschen, putzen und trockentupfen. Kartoffeln und Tomaten in Würfel schneiden, den Blumenkohl in Röschen teilen.
- Zwiebel, Knoblauch und Ingwer bei schwacher Hitze in Sonnenblumenöl anbraten.
- Die Gewürze dazugeben, und die Kartoffel- und Tomatenstücken hinzugeben.
- Sobald die Kartoffelstücke weich werden, die Blumkohl-röschen dazugeben. Alles noch kurz köcheln lassen und mit Salz abschmecken.

✓ Auberginen-Caponata

100 g Zwiebeln

2 Knoblauchzehen

100 g Staudensellerie

350 g Auberginen

150 g rote Paprikaschote

Olivenöl

100 ml Weißwein

Saft von ½ Zitrone

100 g entsteinte schwarze Oliven

2 EL Sonnenblumenkerne

40 g Kapern

Pfeffer und Salz

½ Bund Petersilie

- Zwiebeln und Knoblauch abziehen und fein würfeln. Staudensellerie, Auberginen und Paprikaschote waschen, putzen, trockentupfen und in Stücke schneiden.
- Zwiebel und Knoblauch bei schwacher Hitze in Olivenöl glasig anbraten.
- Sellerie-, Auberginen- und Paprikawürfel dazugeben.
- Weißwein und Zitronensaft über das Gemüse gießen und alles bei schwacher Hitze köcheln lassen.
- Oliven fein hacken und zusammen mit den Sonnen-blumenkernen und den Kapern in die Pfanne geben. Mit Pfeffer und Salz abschmecken.
- Die Petersilie waschen, trockenschütteln, fein hacken und erst ganz zum Schluss unterrühren.

✓ Süßsaures Gemüse

100 g Zwiebeln

1 Knoblauchzehe

100 g Karotten

100 g rote Paprikaschote

Öl

100 g Zucchini

200 g Ananas (aus der Dose; Abtropfgewicht)

1 TL Currypulver

Salz

25 g Zucker

1 EL Weißweinessig

1 EL Maisstärke

- Zwiebeln abziehen und grob würfeln. Knoblauch abziehen. Karotten und Paprikaschote waschen, putzen, trockentupfen und in Stücke schneiden.
- Zwiebeln bei schwacher Hitze in etwas Öl glasig anbraten und kurz danach den Knoblauch in die Pfanne pressen, anbraten.
- Karotten- und Paprikastücke dazugeben und 5 Minuten mitbraten.
- Mit so viel Wasser übergießen, dass das Gemüse bedeckt ist. Zum Kochen bringen und noch 5 Minuten köcheln lassen.
- Die Zucchini waschen, putzen, trockentupfen und wie die Ananas in Stücke schneiden und zum Gemüse geben. Mit Currypulver und Salz würzen.
- Sobald das Gemüse weich ist, Zucker und Weinessig hinzugeben und die Sauce mit Maisstärke binden.

AUSGEFALLENE BROTAUFSTRICHE

✓ Auberginenmus

1 Aubergine

etwa 20 frische Korianderblättchen

2 EL Zitronensaft

Pfeffer und Salz

- Die Aubergine waschen, trockentupfen, Stielansatz entfernen und die Aubergine 5 Minuten in die Mikrowelle legen (oder längs aufschneiden, mit der Schale nach unten auf den Boden eines Dampfkörbchens legen und 10 Minuten dämpfen).
- Aubergine aufschneiden (falls noch nicht geschehen), das Fruchtfleisch herauslösen und fein hacken.
- Koriander waschen, trockenschütteln, Blättchen abzupfen, fein schneiden und $3/4$ davon mit dem Fruchtfleisch, dem Zitronensaft, Pfeffer und Salz vermischen.
- Toasts oder Brotscheiben mit dem Mus bestreichen und mit dem restlichen Koriander bestreuen.

✓ Tomatentatar

4 dicke Fleischtomaten, 1 Schalotte

10 frische Basilikumblätter

20 Kapern

Pfeffer und Salz, Olivenöl

eventuell etwas Weißweinessig

- Die Tomaten mit kochendem Wasser überbrühen, Haut abziehen, Kerne entfernen und das Fruchtfleisch fein würfeln. Schalotte abziehen und fein würfeln. Basilikumblätter waschen, trockentupfen und fein hacken.
- Schalotte, Basilikum und Kapern mit den Tomaten vermischen und das Ganze mit Pfeffer und Salz abschmecken.
- Mit 1 Schuss Olivenöl und – wenn die Tomaten nicht schon säuerlich genug sind – etwas Weinessig begießen.

Herbst

Brokkoli mit Cashewkernen und gebratenem Tempeh

Im Wok lassen sich blitzschnell wunderbare Gemüsegerichte mit den ausgefallensten Aromen zaubern. In diesem Rezept sorgen vor allem die in Sirup eingelegten Ingwerstücke und der Ingwersirup für eine überraschende Note. Das Ergebnis: ein exotischer Gaumenschmaus.

200 g Tempeh
Sonnenblumenöl
750 g Brokkoli
500 g Karotten
2 Stangen Lauch
2 Knoblauchzehen
1 Chilischote
4 in Sirup eingelegte Ingwerstücke
100 g Cashewkerne
2 EL Ingwersirup
3 EL Sojasauce
Pfeffer und Salz
150 g Sojasprossen

- Den Tempeh grob in Stücke schneiden, frittieren oder in reichlich Öl rundum goldbraun braten, dann beiseitestellen.
- Brokkoli waschen, putzen, trockentupfen, die Röschen von den Stielen lösen und in Scheiben schneiden. Den Stiel schälen und auch in Stücke schneiden. Die Karotten waschen, putzen und schräg in Stücke schneiden. Den Lauch waschen, putzen und in Ringe schneiden. Den Knoblauch abziehen und die Chilischote waschen und entkernen. Knoblauch, Chilischote und Ingwer würfeln.
- Öl im Wok erhitzen und die Karottenstücke mit den Stücken vom Brokkolistiel unter Rühren anbraten.
- Cashewkerne, Knoblauch, Chili und Ingwer dazugeben und unter Rühren 5 Minuten mitbraten.
- Brokkoliröschen, Tempeh und Lauch hinzugeben und unter Rühren 5 Minuten mitgaren.
- Mit Ingwersirup, Sojasauce, Pfeffer und Salz abschmecken.
- Zum Schluss die Sojasprossen hinzugeben und noch kurz mitkochen.

WAS PASST DAZU?
Reichen Sie Reis oder Woknudeln, zum Beispiel Udon (Weizennudeln), dazu.

HERBST

✔ Aromatische marokkanische Tajine

Dieser Eintopf duftet so verführerisch, dass es sicherlich im Nu einige neugierige und hungrige Hausbewohner in die Küche zieht.

1 große Zwiebel
2 Knoblauchzehen
1 Süßkartoffel
1 Aubergine
2 in Sirup eingelegte Ingwerstücke
100 g getrocknete Aprikosen
10 entsteinte grüne Oliven
Olivenöl
1 TL Kreuzkümmel
1 Döschen Safran
1 TL Zimt
Salz
1 Zimtstange
500 g Tomatenstücke (aus der Dose)
100 g Kichererbsen (aus der Dose; Abtropfgewicht)
50 g Cashewkerne
1 unbehandelte Zitrone
1 EL Maissirup (oder nicht veganer Honig)
1 Prise Chilipulver

- Die Zwiebel und die Knoblauchzehen abziehen. Die Zwiebel grob würfeln und die Knoblauchzehen fein hacken. Die Süßkartoffel und die Aubergine gründlich waschen, putzen und würfeln. Die Ingwerstückchen sehr fein hacken und auch die Aprikosen und Oliven klein schneiden.
- Die Zwiebel bei schwacher Hitze in etwas Öl glasig anbraten und Knoblauch hinzugeben.
- Auberginen- und Kartoffelstücke hinzugeben und Kreuzkümmel, Safran, Zimt, Salz und Zimtstange dazugeben.
- Die Tomatenstücke hinzugeben.
- Ingwer, Aprikosen, Oliven, Kichererbsen und Cashewkerne hinzugeben. Alles in etwa 30 Minuten fertig garen lassen.
- Die Zitrone heiß waschen, trockentupfen und die Schale abreiben.
- Mit Zitronenschale, Maissirup (oder Honig), Chilipulver und Salz abschmecken.

WAS PASST DAZU?
Einfach ein Schälchen Couscous dazu reichen – fertig!

Blätterteigtörtchen mit Aubergine, sonnengetrockneten Tomaten und Oliven

Mit Blätterteig bringen Sie ganz einfach tolle Gerichte auf den Tisch. Diese mediterranen Törtchen lassen sich schnell zubereiten und schmecken köstlich.

2 Schalotten
1 Knoblauchzehe
1 Aubergine
Olivenöl
50 g entsteinte schwarze Oliven
50 g sonnengetrock-nete Tomaten
30 g Pinienkerne
1 TL Kräuter der Provence
Pfeffer und Salz
125 g Mozzarella
½ Bund Basilikum
150 g Blätterteigplatten

- Den Ofen vorheizen (200 °C Elektrohitze, 180 °C Umluft, Stufe 3–4 Gashitze).
- Schalotten und Knoblauch abziehen und würfeln. Die Aubergine waschen, putzen, trockentupfen und in Stücke schneiden.
- Olivenöl in einer Pfanne erhitzen, Schalotten und Knoblauch bei schwacher Hitze darin anbraten.
- Die Auberginenstücke und eventuell noch etwas Olivenöl dazugeben und die Auberginen weich garen.
- Inzwischen die Oliven und die getrockneten Tomaten klein schneiden und dann zusammen mit den Pinienkerne in die Pfanne geben. Mit Kräutern der Provence, Pfeffer und Salz würzen.
- Wenn das Gemüse weich ist, die Pfanne vom Herd nehmen und alles abkühlen lassen.
- Mozzarella würfeln, Basilikum waschen, trockenschütteln, fein hacken und beides zum Gemüse in der Pfanne geben.
- Die Blätterteigplatten halbieren und jede Hälfte zu einem Quadrat ausrollen. In die Mitte eines jeden Quadrats einen Löffel der ganz abgekühlten Gemüsemischung geben und die Ränder nach innen klappen.
- Die Törtchen auf ein gefettetes Backblech legen, mit etwas Öl bestreichen und in etwa 20 Minuten im Ofen goldbraun backen.

WAS PASST DAZU?

Schmeckt vorzüglich mit gegrillten Strauchtomaten (S. 110), einer grünen Kräutervinaigrette (S. 109) und Reis.

HERBST

✓ Ungarisches Gulasch mit Seitan

Seitan eignet sich sehr gut als Fleischalternative und lässt sich problemlos in zahlreichen Eintopfgerichten verwenden. Dieses Rezept zeigt eine interessante Variante.

2 Zwiebeln
2 Knoblauchzehen
250 g Champignons
1 rote Paprikaschote
1 gelbe Paprikaschote
75 g entsteinte grüne Oliven
Olivenöl
100 ml Rotwein
500 g Tomatenstücke
(aus der Dose)
1 TL Paprikapulver
½ TL Kreuzkümmel
½ TL Oregano
Pfeffer und Salz
350 g Seitan

- Zwiebeln und Knoblauch abziehen und würfeln. Die Champignons waschen und putzen. Die Paprikaschoten waschen, längs halbieren, putzen und trockentupfen, dann in Stücke schneiden. Die Champignons und die Oliven in Scheiben schneiden.
- Zwiebeln bei schwacher Hitze in etwas Öl glasig anbraten.
- Knoblauch, Paprikastücke und Champignons dazugeben und kurz mitbraten lassen.
- Mit Rotwein ablöschen und die Tomatenstücke dazugeben. Mit Paprikapulver, Kreuzkümmel, Oregano, Pfeffer und Salz würzen.
- Seitan in Stücke schneiden und in einer Pfanne rundum goldbraun braten.
- Seitan und Oliven zum Gemüse geben und alles köcheln lassen, bis die Paprikaschoten weich sind.

WAS PASST DAZU?
Sie können hierzu Woknudeln reichen oder auch italienische Nudeln oder Reis.

HERBST

Goldene Kürbiskugeln mit Ingwer und Zitrone

Für Halloween brauchen Sie natürlich ein ausgefallenes Kürbisrezept. Diese Kürbiskugeln mit den Sonnenblumenkernen sind eine echte Versuchung. Unser Serviervorschlag: größere Kugeln als Hauptgericht, kleinere Kugeln als Vorspeise oder Appetizer, zum Beispiel mit etwas Chutney.

250 g orangefarbenes Fruchtfleisch eines kleinen, festen Kürbisses
25 g frischer Ingwer
125 g Sonnenblumenkerne
25 g Cashewkerne
½ Zitrone
50 g Mehl
Salz

- Kürbisfruchtfleisch raspeln, Ingwerwurzel schälen und raspeln. 25 Gramm Sonnenblumenkerne zusammen mit den Cashewkernen fein mahlen. Zitrone auspressen.
- Kürbis und Ingwer mit den fein gemahlenen Kernen, den restlichen Sonnenblumenkernen, dem Mehl und dem Zitronensaft (Menge nach Geschmack zugeben) vermischen. Mit Salz abschmecken.
- Aus der Masse kleine Bällchen formen und diese goldbraun frittieren.

WAS PASST DAZU?
Bereit für Experimente? Dann sollten Sie unbedingt Rotkohl mit Sojasauce (S. 145), Orangensauce (S. 109) und Reis dazu reichen.

HERBST

Brokkoliauflauf mit Ricotta und Parmesan

Grünes Gemüse verblasst schnell, wenn es mit Säure in Kontakt kommt. Trotzdem wollten wir dieses Gericht mit einer Zitronennote verfeinern. Die Lösung war einfach: eine fein geriebene Zitronenschale als Gewürz verwenden.

HERBST

Salz
500 g Brokkoli
50 g Parmesan
1 unbehandelte Zitrone
150 g Ricotta
1 TL Dill
Pfeffer
3 Eier

- Den Ofen vorheizen (180 °C Elektrohitze, 160 °C Umluft, Stufe 2–3 Gashitze).
- Gesalzenes Wasser zum Kochen bringen. Brokkoli waschen, putzen, trockentupfen und in Röschen teilen. Die Brokkoliröschen nicht länger als 3 Minuten kochen, abtropfen lassen.
- Parmesan reiben. Die Zitrone heiß abwaschen, trockentupfen und die Schale abreiben.
- Die Brokkoliröschen mit Ricotta und Parmesan vermischen und mit Dill, Zitronenschale, Pfeffer und Salz würzen.
- Die Eier trennen. Die Eigelbe unter die Brokkolimischung rühren, Eiweiß steif schlagen.
- Den Eischnee vorsichtig unter die Brokkolimischung heben und alles in eine gefettete ofenfeste Form oder in 4 Minibackformen geben.
- Den Auflauf 20 bis 25 Minuten im Ofen backen.

WAS PASST DAZU?

Als schmackhaften Begleiter für diesen Auflauf empfehlen wir italienischen Endiviensalat mit Oliven (S. 110). Wenn Sie Reis dazu servieren, können Sie Sonnenblumenkerne oder Pinienkerne darüberstreuen, die Sie zuvor in einer Pfanne ohne Fett geröstet haben.

Gefüllter Fenchel

Wenn Sie die äußeren Schichten des Fenchels ablösen, erhalten Sie Schalen,
die Sie wunderbar mit Kapern, Pinienkernen und Oliven füllen können.

2 Fenchel
Salz
1 Knoblauchzehe
2 Tomaten
Olivenöl
2 EL Kapern
10 entsteinte
schwarze Oliven
4 EL Pinienkerne
1 Bund glatte Petersilie
Pfeffer
50 g pikanter Käse (z. B. alter
Gouda oder Parmesan)
2 Scheiben Brot

- Den Ofen vorheizen (180 °C Elektrohitze, 160 °C Umluft, Stufe 2–3 Gashitze).
- Fenchel waschen, putzen und trockentupfen. Von jeder Fenchelknolle die zwei äußersten Schichten ablösen und diese Schalen 5 Minuten in Salzwasser garen.
- Den Rest der beiden Fenchelknollen in Stücke schneiden. Knoblauch abziehen und würfeln. Die Tomaten waschen, putzen, trockentupfen und in Stücke schneiden.
- Die Fenchelstücke in etwas Olivenöl anbraten.
- Knoblauch und kurz danach auch die Tomatenstücke dazugeben. Kurz kochen lassen, bis die Flüssigkeit fast verdunstet ist.
- Kapern und Oliven fein hacken und zusammen mit den Pinienkernen zur Gemüsemischung geben.
- Petersilie waschen, trockenschütteln, fein hacken und die Hälfte unter die Gemüsemischung rühren. Mit Pfeffer und Salz abschmecken.
- Käse und Brot fein mahlen oder hacken und mit der restlichen Petersilie vermischen.
- Die Fenchelschalen mit der Gemüsemischung füllen, in eine gefettete ofenfeste Form legen und reichlich mit der Käse-Brot-Mischung bestreuen.
- Den Fenchel 20 Minuten im Ofen backen.

WAS PASST DAZU?

Wirsing können Sie eine mediterrane Note verpassen, wenn Sie ihn wie auf Seite 145 beschrieben fein schneiden und mit Kräutern der Provence oder Thymian würzen. Auch Zucchinistreifen mit sonnengetrockneten Tomaten auf einem Bett von Feldsalat (S. 108) passen gut dazu.

HERBST

Herbstkuchen mit Kürbis, Pastinaken, Apfel und Trauben

Von uns werden Sie keine Klagen darüber hören, dass der Herbst schon wieder da ist. Denn jetzt gibt es Kürbisse und Pastinaken in Hülle und Fülle. Wir haben diese zwei delikaten Gemüsesorten in einem herzhaften Herbstkuchen kombiniert – schon nach dem ersten Bissen werden Sie unsere Begeisterung sicherlich verstehen können.

HERBST

Für die Füllung:
1 Zwiebel
250 g Pastinaken
400 g orangefarbenes Fruchtfleisch eines kleinen, festen Kürbisses
Olivenöl
1 Apfel
16 blaue Trauben
150 g weicher Ziegenkäse

Für den Teig:
Salz
5 EL Olivenöl
175 g Mehl
Mehl zum Bearbeiten

- Den Ofen vorheizen (180 °C Elektrohitze, 160 °C Umluft, Stufe 2–3 Gashitze).
- Zwiebel abziehen und würfeln. Die Pastinaken schälen und in Stücke schneiden. Auch das Kürbisfruchtfleisch in Stücke schneiden.
- Zwiebel bei schwacher Hitze in etwas Olivenöl glasig anbraten.
- Kürbisstücke dazugeben und 5 Minuten zugedeckt mitbraten lassen.
- Pastinaken dazugeben und auch diese 10 Minuten mitbraten lassen.
- Inzwischen den Teig zubereiten: 1 Prise Salz, 5 Esslöffel Wasser und Öl mit dem Mehl vermischen und gut durchkneten. Eine Arbeitsfläche und ein Nudelholz mit Mehl bestäuben. Den Teig ausrollen und eine gefettete Springform damit auslegen.
- Apfel schälen, Gehäuse entfernen und das Fruchtfleisch in Stücke schneiden. Die Apfelstücke unter das Gemüse mischen.
- Die Gemüsemasse auf dem Teig verteilen.
- Die Trauben waschen, halbieren und die Kerne entfernen. Ziegenkäse zerbröseln. Trauben und Käse über das Gemüse streuen.
- Die Torte 30 Minuten im Ofen backen. Vor dem Servieren prüfen, ob der Teig ganz durch ist.

WAS PASST DAZU?
Zum Beispiel ein Knollenselleriesalat mit Rosinen (S. 108) oder ein Champignonsalat mit Dill (S. 109).

Apfel-Nuss-Taler mit Erdnussmus

Mit diesen nahrhaften Talern kann
selbst der Nikolaus jeder Witterung trotzen!

1 Zwiebel
Sonnenblumenöl
100 g Haselnüsse
150 g Cashewkerne
100 g Brot
1 kleiner Apfel
1 Ei
2 EL Mehl
4 EL Erdnussmus
2 TL Kreuzkümmel
Pfeffer und Salz

- Zwiebel abziehen und würfeln und bei schwacher Hitze in etwas Öl glasig anbraten.
- Die Nüsse, Kerne und das Brot fein mahlen. Apfel schälen, Gehäuse entfernen und das Fruchtfleisch fein würfeln.
- Alle Zutaten gut vermischen und mit Pfeffer und Salz abschmecken.
- Aus der Masse 8 Kugeln formen und platt drücken.
- Die Nuss-Taler in etwas Öl von beiden Seiten goldbraun braten.

WAS PASST DAZU?

Auf den Feldern finden sich jetzt die letzten Gemüseblätter. Dies ist der richtige Zeitpunkt für einen Salat aus Winterportulak oder Senfblatt. Auch das reichhaltige Angebot an Kohl bietet viele Möglichkeiten, zum Beispiel eine mit Kreuzkümmel gewürzte Kombination aus grob geschnittenen Karotten und grob geschnittenem Weiß- oder Spitzkohl. Dazu passen Körner aller Art.

HERBST

Ofenauflauf mit Champignons, Lauch und Karottenpüree

Dieses aus drei Schichten bestehende, typisch belgische Ofengericht müssen Sie unbedingt ausprobieren. Es eignet sich wunderbar für behagliche Mahlzeiten, wenn es draußen schon kalt wird.

500 g Kartoffeln
500 g Karotten
Salz
1 Zwiebel
1 Knoblauchzehe
250 g Champignons
Olivenöl
250 g Sojahack
1 EL Sojasauce
½ TL Kräuter der Provence
Pfeffer
800 g Lauch
250 ml Sojarahm
Muskat

- Kartoffeln und Karotten schälen, waschen, grob in Stücke schneiden und separat in Salzwasser weich kochen.
- Inzwischen Zwiebel und Knoblauch abziehen und würfeln. Die Champignons putzen und in Scheiben schneiden.
- Zwiebel bei schwacher Hitze in etwas Öl glasig anbraten.
- Knoblauch und Champignons dazugeben und 10 Minuten garen.
- Sojahack und Sojasauce dazugeben und mit Kräutern der Provence, Pfeffer und Salz würzen.
- Den Ofen vorheizen (180 °C Elektrohitze, 160 °C Umluft, Stufe 2–3 Gashitze).
- Lauch waschen, putzen, trockentupfen und in Ringe schneiden. Die Lauchringe in etwas Öl in einer zweiten Pfanne 10 Minuten dünsten. 150 Milliliter Sojarahm unterrühren und mit Pfeffer und Salz würzen.
- Den Boden einer gefetteten ofenfesten Form mit der Sojahack-Champignon-Masse bedecken und den Lauch darüber verteilen.
- Karotten und Kartoffeln zusammen pürieren und mit 100 Milliliter Sojarahm verrühren. Mit Muskat, Pfeffer und Salz würzen und auf den Lauch geben.
- Eventuell als Verzierung mit einer Gabel Striche in das Püree ziehen. Den Auflauf 30 Minuten im Ofen backen.

WAS PASST DAZU?

Dieser deftige Auflauf braucht eigentlich keinen Begleiter. Salatliebhaber können aber einen zum Beispiel mit Dill oder Selleriesamen gewürzten Salat dazu reichen.

Blätterteigtaschen mit kandiertem Fenchel, Apfel und Ziegenkäse

Die Füllung dieser Blätterteigtaschen vereint die Geschmacksnoten salzig und süß mit dem milden Anisgeschmack von Fenchel.

250 g Fenchel
Olivenöl
Pfeffer und Salz
2 TL Birnensirup (oder ein anderer Sirup)
1 kleiner Apfel
140 g Blätterteig
4 gehäufte EL streichfester Ziegenkäse
1 Ei

- Den Ofen vorheizen (200 °C Elektrohitze, 180 °C Umluft, Stufe 3–4 Gashitze).
- Den Fenchel waschen, putzen, trockentupfen, ganz fein würfeln und in Öl braten, mit Pfeffer und Salz würzen.
- Birnensirup dazugeben, alles etwas köcheln lassen und dabei gut verrühren, dann den Topf vom Herd nehmen.
- Das Kerngehäuse mit einem Apfelentkerner aus dem Apfel entfernen. Den ganzen Apfel schälen und horizontal in 4 Scheiben schneiden.
- Den Blätterteig ausrollen und in 4 Quadrate teilen. In die Mitte eines jeden Quadrats eine Apfelscheibe legen. Jeweils 1 Esslöffel Ziegenkäse auf eine Apfelscheibe geben und darauf etwas von dem Fenchel. Die Ränder der Blätterteigtaschen nach innen klappen und mit den Fingern gut zusammendrücken.
- Das Ei verquirlen und die Blätterteigtaschen mithilfe eines Küchenpinsels damit bestreichen.
- Blätterteigtaschen auf ein gefettetes Backblech legen und mindestens 15 Minuten im Ofen goldbraun backen.

WAS PASST DAZU?

Wie wäre es mit Pastinaken mit Chicorée und Ingwer (S. 144) oder geriebenen Karotten mit etwas Feldsalat? Als Beilage eignet sich auch einfach Reis.

HERBST

Risotto mit Lauch, Wildpilzen und Kürbisschiffchen

Wenn Sie einen Kürbis halbieren und die Kerne entfernen, können Sie aus den Hälften hübsche Kürbisschiffchen schneiden, die Sie auf einem Blech im Ofen garen lassen können. Eine schnelle Beilage, die zu einem Risotto mit Lauch köstlich schmeckt. Eine besonders festliche Note bekommt Ihr Essen, wenn Sie Wildpilze dazu reichen.

1 Lauchstange
½ Karotte
½ Zwiebel
einige Pfefferkörner
Salz
½ orangefarbener
kleiner Kürbis
1 TL Kräuter der Provence
Pfeffer
1 Knoblauchzehe
½ Bund glatte Petersilie
Olivenöl
300 g Risottoreis (Arborio)
150 ml Weißwein
100 g Mascarpone
50 g Parmesan (oder
✔ 2 EL Hefeflocken)
400 g Waldpilze
(nach Belieben)

- Den Ofen vorheizen (180 °C Elektrohitze, 160 °C Umluft, Stufe 2–3 Gashitze).
- Lauch waschen und putzen. Etwa 10 Zentimeter des grünen Teils des Lauchs abschneiden und den Rest beiseitelegen. Karotte waschen, putzen, Zwiebel abziehen und beides grob würfeln. Karotten- und Zwiebelwürfel in einen Topf mit 1 Liter Wasser geben, Pfefferkörner und Salz dazugeben und 15 Minuten kochen. Die Brühe durch ein Sieb in ein Behältnis abgießen.
- Den Kürbis in Schiffchen von etwa 2 Zentimeter Dicke schneiden (nicht schälen), mit der Schale nach unten auf ein gefettetes Backblech legen, mit Kräutern der Provence, Pfeffer und Salz bestreuen und 30 Minuten im Ofen backen.
- Den Lauch in Ringe schneiden. Knoblauch abziehen und würfeln. Die Petersilie waschen, trockenschütteln und fein hacken.
- Die Gemüsebrühe zum Kochen bringen.
- Etwas Olivenöl in einer Pfanne erhitzen und Lauch und Knoblauch bei schwacher Hitze anbraten. Reis dazugeben und kurz mitbraten. Mit Weißwein ablöschen, 5 Minuten köcheln lassen und nach und nach die Brühe dazugeben. Erst wieder Brühe dazugeben, wenn die Flüssigkeit völlig absorbiert ist. Den Reis unter regelmäßigem Umrühren köcheln lassen, bis er weich ist. Mit Pfeffer und Salz abschmecken.
- Die Petersilie und den Mascarpone unterrühren, ³⁄₄ des Parmesans reiben und zum Reis geben.
- Die Pilze putzen und grob schneiden. Olivenöl erhitzen und alle Pilze anbraten. Mit Pfeffer und Salz würzen.
- Die Kürbisschiffchen aus dem Ofen nehmen.
- Eine Reisportion auf einen Teller geben, Pilze darauflegen und Kürbisschiffchen danebenlegen. Mit dem restlichen, frisch geriebenen Parmesan bestreuen.

HERBST

✓ Tarte Tatin mit Chicorée und Süßkartoffeln

Diese Tarte schmeckt so herrlich, dass sie sich für ganz besondere Anlässe wie Weihnachten oder Neujahr eignet. Das Umdrehen sollten Sie allerdings vorher zuerst einmal üben. Sie werden aber sehen, dass diese Tarte fast nicht misslingen kann.

Für die Füllung:
500 g Chicorée
75 g Margarine
500 g Süßkartoffeln
20 g Zucker
1 TL Aceto balsamico
½ TL Thymian
Pfeffer und Salz
1 ofenfeste Pfanne mit einem Durchmesser von 25–30 cm

Für den Teig:
150 g Mehl
4 EL Olivenöl
Salz

- Den Ofen vorheizen (180 °C Elektrohitze, 160 °C Umluft, Stufe 2–3 Gashitze).
- Chicorée waschen, putzen, trockentupfen, längs halbieren und die bitteren, harten Teile entfernen.
- Für die Tarte Tatin 25 g Margarine in einer ofenfesten Pfanne bei schwacher Hitze zerlassen und den Chicorée 10 Minuten anbraten. Es macht nichts, wenn die Blätter dabei etwas auseinanderfallen.
- Die Süßkartoffeln schälen, waschen und in Scheiben schneiden.
- 25 g Margarine in einer zweiten Pfanne erwärmen und die Süßkartoffelscheiben rundum anbraten, insgesamt höchstens 5 Minuten.
- 25 g Margarine zum Chicorée geben und Zucker auf und zwischen die Blätter streuen.
- Aceto balsamico über den Chicorée gießen und das Ganze vorsichtig durchrühren, damit die Geschmacksnoten sich gut vermischen. Den Chicorée gleichmäßig auf dem Boden der Pfanne verteilen und mit den Süßkartoffelscheiben bedecken. Die Süßkartoffeln mit reichlich Thymian, Pfeffer und Salz bestreuen.
- Nun den Teig zubereiten: Mehl mit Olivenöl, 4 Esslöffel Wasser und 1 Prise Salz vermischen. Alles gut durchkneten und den Teig mit einem Nudelholz ausrollen. Die Süßkartoffelscheiben komplett mit dem Teig bedecken, die Ränder gut festdrücken.
- Die Pfanne in den Ofen stellen und die Tarte 30 Minuten backen.
- Pfanne aus dem Ofen nehmen, und den Inhalt auf einen flachen Teller mit einem größeren Durchmesser als dem von der Pfanne stürzen, sodass das Gemüse oben liegt.

WAS PASST DAZU?
Hierzu schmecken am besten Schwarzwurzeln mit Senfsauce (S. 41).

HERBST

AROMATISCHE SUPPE

✓Asiatische Kürbissuppe mit Woknudeln und Koriander

1 Zwiebel, 2 Knoblauchzehen
40 g frischer Ingwer, 1 Chilischote
Öl, Salz
1 Lauchstange, 2 Karotten
200 g Weißkohl
500 g Kürbisfruchtfleisch
2 TL Currypulver
200 ml Kokosmilch
Saft von ½ Zitrone
200 g Kichererbsen (aus der Dose; Abtropfgewicht)
50 g Woknudeln
1 Bund frischer Koriander

- Zwiebel und Knoblauch abziehen. Ingwerwurzel schälen. Chilischote waschen, trockentupfen, halbieren und entkernen.
- Zwiebel, Knoblauch und Chilischote mit 4 Esslöffel Öl und 1 Prise Salz zu einer glatten Masse pürieren.
- Lauch, Karotten und Kohl waschen und putzen. Den Kürbis schälen, entkernen und in Stücke schneiden. Den Lauch in Ringe, die Karotten in Stücke und den Weißkohl in schmale Streifen schneiden.
- Öl in einem Topf erhitzen und die Zwiebelmischung dazugeben.
- Kürbis- und Karottenstücke, Weißkohlstreifen und Lauchringe hinzufügen und alles kurz garen. Mit Currypulver würzen.
- Die Kokosmilch, 800 Milliliter Wasser und Zitronensaft dazugeben und die Suppe zum Kochen bringen.
- Kichererbsen, Nudeln und eventuell noch etwas Wasser dazugeben und alles fertig kochen. Mit Salz abschmecken.
- Den Koriander waschen, trockenschütteln, fein hacken und kurz vor dem Servieren über die Suppe streuen.

EXOTISCHER SALAT

✓Süßsaurer Salat mit rotem Couscous

250 g rohe Rote Bete
¼ TL Anissaat
Salz
150 g Couscous
50 g Cashewkerne
50 g getrocknete Aprikosen
1 EL Rosinen, 1 Apfel
100 g Kichererbsen (aus der Dose; Abtropfgewicht)
150 g Sauerkraut (aus der Dose; Abtropfgewicht)
¼ TL Kümmel (oder Kreuzkümmel)
1 EL Sonnenblumenöl

- Die Roten Bete schälen und ganz klein würfeln. Die Würfel in einen Topf geben und so viel Wasser hinzugeben, dass die Roten Bete bedeckt sind. Anissaat und etwas Salz dazugeben, zum Kochen bringen und 5 Minuten kochen. Den Topf vom Herd nehmen.
- Couscous einrühren und alles ruhen lassen, damit der Couscous die Flüssigkeit aufsaugen und die Mischung etwas abkühlen kann.
- Die Cashewkerne in einer Pfanne ohne Fett rösten.
- Die Aprikosen, Rosinen und Cashewkerne fein hacken. Den Apfel schälen, Kerngehäuse entfernen und das Fruchtfleisch in Stücke schneiden.
- Aprikosen, Rosinen und Cashewkerne mit Apfel, abgetropften Kichererbsen, abgetropftem Sauerkraut, Kümmel (oder Kreuzkümmel) und Sonnenblumenöl vermischen und mit Salz abschmecken.
- Eine Tasse oder Glas mit ¼ der Couscousmischung füllen, auf einen Teller stürzen. ¼ des Apfel-Sauerkraut-Salats um den Couscousturm herum auf dem Teller verteilen. Dies für 3 weitere Portionen wiederholen.
- Dazu passt Baguette mit Hummus (S. 111).

✓ Toast mit Champignons

Für diesen vom klassischen Champignon-Toast inspirierten Toast haben wir einen etwas anderen Belag zubereitet, den Sie unbedingt probieren sollten.

100 g Schalotten

1 Knoblauchzehe

250 g Champignons

Olivenöl

Saft von ½ Zitrone

Pfeffer und Salz

1 EL Kapern

etwas frische Petersilie

4 Scheiben Weißbrot

- Schalotten und Knoblauch abziehen und würfeln. Champignons putzen und fein hacken.
- Schalotten bei schwacher Hitze in etwas Öl glasig anbraten, Knoblauch dazugeben und kurz mitbraten.
- Champignons dazugeben und mitbraten, bis sie fertig gegart sind. Mit Zitronensaft beträufeln und mit Pfeffer und Salz würzen.
- Kapern dazugeben und die Pfanne vom Herd nehmen. Petersilie fein hacken und unterrühren.
- Die Brotscheiben im Ofen oder mit dem Toaster rösten.
- Die Champignonmasse auf die Brotscheiben verteilen.

HERBST

KNACKIGE HERBSTSALATE

Wussten Sie, dass sich rohe Champignons und Zucchini wunderbar für einen Salat eignen? Sie nehmen den Geschmack von anderen Zutaten gut auf und sind somit vielseitig verwendbar. Auch mit würzigem Knollensellerie oder frischem Endiviensalat können Sie schmackhafte Salate zaubern.

✓ Zucchinistreifen mit sonnengetrockneten Tomaten auf einem Bett von Feldsalat

100 g Feldsalat
1 Zucchini
Olivenöl
Saft von ½ Zitrone
Pfeffer und Salz
2 EL Walnüsse
8 sonnengetrocknete Tomaten in Öl

- Feldsalat waschen und trockenschleudern.
- Zucchini waschen, putzen, trockentupfen und in dünne Streifen schneiden. Mit 1 Schuss Öl (Sie können das Öl aus dem Glas mit den getrockneten Tomaten verwenden) und Zitronensaft vermischen und mit Pfeffer und Salz abschmecken.
- Die Walnüsse fein hacken, die getrockneten Tomaten klein schneiden. Beides zu den Zucchinistreifen geben und diese Mischung auf einem Bett von Feldsalat anrichten.

✓ Knollenselleriesalat mit Rosinen

¼ Knollensellerie
250 g Naturjoghurt (oder ✓ Sojajoghurt)
1 EL Rosinen
Pfeffer und Salz

- Den Knollensellerie schälen und raspeln. Mit Joghurt und Rosinen vermischen und mit Pfeffer und Salz abschmecken.

Champignonsalat mit Dill

250 g Champignons
1 TL Senf
Sonnenblumenöl
1 TL Dill
Pfeffer und Salz

- Champignons putzen und in Scheiben schneiden. Senf mit einem kräftigen Schuss Sonnenblumenöl verrühren und über die Pilze gießen, gut vermischen.
- Mit Dill würzen und mit Pfeffer und Salz abschmecken.

Griechischer Endiviensalat

200 g Endivien
100 g Tomaten, 3 Schalotten
100 g rote Paprikaschote
20 entsteinte schwarze Oliven
½ unbehandelte Zitrone
1 Knoblauchzehe
1 EL frische Petersilie
6 EL Sonnenblumenöl, Pfeffer und Salz

- Das Gemüse waschen und putzen. Endivienblätter in Streifen schneiden, Tomaten achteln, abgezogene Schalotten in Ringe, Paprikaschote in Stücke und Oliven in Scheiben schneiden. Die Zitronenhälfte heiß waschen, trockentupfen, die Schale abreiben und den Saft auspressen. Knoblauch abziehen.
- Endivienstreifen mit Tomaten, Schalotten, Paprikaschote und Oliven vermischen.
- Für die Vinaigrette die Petersilie waschen, trockenschütteln und fein hacken. Mit Öl, Zitronensaft, Zitronenschale mischen, Knoblauch dazupressen, mit Pfeffer und Salz abschmecken.
- Vinaigrette vorsichtig unter den Salat rühren.

SCHNELLE SAUCEN

Grüne Kräutervinaigrette

Verwenden Sie eine Kräutermischung, um einer Vinaigrette etwas mehr Volumen zu geben. So sparen Sie Öl und das Ergebnis schmeckt ausgezeichnet.

¼ Gurke
1 Bund grüne Gartenkräuter (Estragon, Dill, Basilikum, Koriander, Kerbel, Petersilie etc. oder eine Kräutermischung)
100 ml Sonnenblumenöl
ein Schuss Weißweinessig
Pfeffer und Salz

- Die Gurke waschen, trockentupfen und in kleine Stücke schneiden. Die Kräuter waschen, trockenschütteln und grob hacken. Alle Zutaten vermischen.

Orangensauce

Mit Fruchtsaft wie zum Beispiel Orangensaft zaubern Sie im Nu eine süßsaure Sauce. Hier ein Beispiel dafür.

250 ml Orangensaft
2 EL Zucker
1 TL Thymian
Pfeffer und Salz
½ EL Maisstärke

- Den Saft erwärmen und Zucker, Thymian, Pfeffer und Salz dazugeben. Maisstärke in kaltem Wasser auflösen und die Sauce damit binden.

DELIKATE HERBSTBEILAGEN

Zum Glück zeigt sich der Spätsommer von seiner besten Seite, daher können wir uns noch an den letzten Tomaten laben. Danach kommen Gemüsesorten in den Wok, von denen Sie bestimmt nicht vermutet hätten, dass sie sich für die Pfanne eignen.

√Ragout aus Karotten, Brokkoli und Blumenkohl

300 g Karotten
Olivenöl
1 TL Estragon
½ Blumenkohl
500 g Brokkoli
Salz und Pfeffer

- Die Karotten waschen, putzen, trockentupfen, grob in Stücke schneiden und in Olivenöl mit etwas Estragon weich garen. Wenn nötig, 1 Schuss Wasser dazugeben, damit die Karotten nicht anbrennen.
- Blumenkohl und Brokkoli waschen, putzen und trockentupfen. Die Blumenkohl- und die Brokkoliröschen von den Stielen lösen. Gesalzenes Wasser zum Kochen bringen und die Blumenkohlröschen 2 Minuten darin kochen. Danach die Brokkoliröschen dazugeben und zusammen in weiteren 3 Minuten weich garen. Abgießen.
- Brokkoli und Blumenkohl zu den Karotten geben, mit Estragon, Pfeffer und Salz abschmecken und gut durchwärmen lassen.

√Gegrillte Strauchtomaten

12 Strauchtomaten
Olivenöl, Pfeffer und Salz
1 Knoblauchzehe
2 Rosmarinzweige

- Den Ofen vorheizen (180 °C Elektrohitze, 160 °C Umluft, Stufe 2–3 Gashitze).
- Die Strauchtomaten waschen, trockentupfen, Stiel und grünen Bereich entfernen und die Tomaten in eine gefettete ofenfeste Form legen. 1 Schuss Olivenöl darüberträufeln und mit Pfeffer und Salz bestreuen.
- Knoblauch abziehen und in Scheiben schneiden. Rosmarinnadeln abzupfen.
- Die Tomaten mit Knoblauch und Rosmarin bestreuen und 20 Minuten im Ofen backen.

√Italienischer Endiviensalat mit Oliven

1 Endivie
1 Zucchini
20 entsteinte schwarze Oliven
Olivenöl
1 TL Thymian, Pfeffer und Salz

- Die Endivienblätter waschen, gut abtropfen lassen und danach in Streifen unterschiedlicher Breite schneiden. Zucchini waschen, putzen, trockentupfen, in Stücke schneiden und Oliven in Scheiben schneiden.
- Olivenöl in einem großen Topf oder Wok erhitzen und die Zucchinistücke kurz anbraten.
- Endivienstreifen dazugeben und das Gemüse unter Rühren garen, bis die Endivienblätter zusammenfallen. Mit Thymian, Pfeffer und Salz würzen. Zum Schluss Olivenscheiben dazugeben.

AUSGEFALLENE BROTAUFSTRICHE

✓ Hummus

½ rote Chilischote

200 g Kichererbsen (aus der Dose; Abtropfgewicht)

einige Korianderblätter

1 EL Sesampaste (Tahin)

1 EL Sesamöl (eventuell das Öl auf der Sesampaste)

3 EL Olivenöl

Saft von ½ Zitrone

Salz

- Chilischote waschen, trockentupfen, Stiel und Kerne entfernen.
- Kichererbsen mit Chili, Koriander, Sesampaste und beiden Ölen pürieren.
- Hummus mit Zitronensaft und Salz abschmecken.

✓ Karottentatar

Tatar gibt es in vegetarischer Ausführung in manchen Supermärkten zu kaufen. Doch diese frische, selbst gemachte Variante sollten Sie unbedingt einmal ausprobieren.

1 rote Paprikaschote

250 g Karotten

10 entsteinte grüne Oliven

einige Basilikumblätter

1 EL vegane Mayonnaise (S. 41)
(oder nicht vegane Mayonnaise)

1 TL Senf

einige Tropfen Tabasco

Salz

einige Scheiben Brot oder Toasts

- Paprikaschote mit einem Sparschäler schälen, entkernen, in Stücke schneiden. Karotten schälen und in Stücke schneiden.
- Die Karotten- und die Hälfte der Paprikastücke in Salzwasser kochen. Abgießen.
- Karotten, die gekochten und die rohen Paprikastücke, die Oliven und die Hälfte der Basilikumblätter in einem Behältnis grob pürieren.
- Die (vegane) Mayonnaise, Senf und Tabasco dazugeben und mit Salz würzen.
- Brotscheiben oder Toasts mit Karottentatar bestreichen und mit den restlichen Basilikumblättern garnieren.

Winter

Gefüllte und überbackene Chicorées mit gedämpften Birnen

Allmählich bricht die festliche Zeit an, da darf es ruhig einmal etwas ganz Besonderes sein. Wie wäre es mit Chicorée und einer köstlichen Käsefüllung? Geht einfach und verwöhnt den Gaumen.

8 kleine Chicorées
100 g Blauschimmelkäse
2 Eier (oder ✔ 2 EL Buchweizenmehl und 2 EL Weizenmehl)
Paniermehl
Sonnenblumenöl

- Chicorée in einem Topf mit etwas Wasser oder in der Mikrowelle garen, abtropfen und abkühlen lassen.
- Den Käse in 8 Stücke schneiden.
- Die Eier verquirlen (oder eine Mischung aus Buchweizen- und Weizenmehl und 200 Milliliter Wasser zubereiten).
- Ein Käsestück in die Mitte jeder Chicoréeknospe geben.
- Dann den Chicorée erst im Ei (oder in der Mehlmischung) und danach im Paniermehl wälzen.
- Öl in einer Pfanne erhitzen und jeden Chicorée rundum goldbraun braten.

Gedämpfte Birnen

8 Birnen
30 g Butter
100 g Honig
Saft von 1 Zitrone

- Die Birnen schälen, halbieren und das Kerngehäuse entfernen.
- Die Butter in einem Topf erhitzen, Birnen zusammen mit Honig, Zitronensaft und 50 Milliliter Wasser hinzugeben, 10 Minuten garen.

WAS PASST DAZU?

Schmeckt gut mit gekochten Kartoffeln. Wer Winterdüfte liebt, sollte unbedingt das aromatische Kürbispüree (S. 144) ausprobieren.

WINTER

115

✔ Wildeintopf

Solange Wildpilze noch überall erhältlich sind, ist die Gelegenheit günstig! Zusammen mit
Seitan und Räuchertofu ergeben sie einen köstlich duftenden Eintopf der Extraklasse.

50 g getrocknete Steinpilze
oder 100 g frische Steinpilze
300 g Wildpilze oder
Champignons
250 g Schalotten
Olivenöl
½ Flasche Pilsner
4 TL Aceto balsamico
250 g Seitan
100 g Räuchertofu
2 EL Zucker
Pfeffer und Salz
1 TL Maisstärke

- Die getrockneten Steinpilze nach Packungsanweisung einweichen.
- Die Wildpilze und gegebenenfalls die frischen Steinpilze waschen, putzen und in Stücke schneiden oder die Champignons halbieren. Die Schalotten abziehen und in Ringe schneiden.
- Die Schalottenringe in etwas Öl glasig dünsten.
- Die Wildpilze oder Champignons dazugeben. Mit dem Pilsner und Aceto balsamico ablöschen und alles etwa 5 Minuten bei niedriger Hitze köcheln lassen, bis der Alkohol aus dem Bier verdunstet ist.
- Seitan und Räuchertofu grob würfeln.
- Seitan, Tofu, Zucker, Steinpilze und 300 Milliliter Wasser zu den anderen Pilzen geben. Mit Pfeffer und Salz würzen und alles etwa 10 Minuten zugedeckt garen lassen. Bei Bedarf noch etwas Wasser dazugeben.
- Die Sauce mit Maisstärke binden.

WAS PASST DAZU?
Wie wäre es mit Pommes frites, Apfelmus, Preiselbeeren oder einem Bratapfel?

✓ Kokoseintopf mit Wintergemüse

Ein schnelles Gericht für einen ganz normalen Donnerstag –
normal, aber keinesfalls langweilig!

200 g Zwiebeln
2 Knoblauchzehen
500 g Karotten
1 Bund frischer Koriander
Sonnenblumenöl
500 g Kartoffeln
400 ml Kokosmilch
1 TL Currypulver
1 TL Paprikapulver
1 TL Oregano
Salz
3 Stangen Lauch
240 g rote Bohnen (aus der
Dose; Abtropfgewicht)

- Zwiebeln und Knoblauch abziehen und würfeln. Karotten waschen, putzen und grob in Stücke schneiden. Koriander waschen, trockenschütteln und fein hacken.
- Zwiebeln bei schwacher Hitze in einem Topf in etwas Öl glasig anbraten und Knoblauch dazugeben.
- Karotten dazugeben und 5 Minuten mitbraten.
- Inzwischen die Kartoffeln schälen, waschen, in Stücke schneiden und dann ebenfalls kurz mitbraten.
- Kokosmilch, Koriander und Gewürze hinzugeben und mit Salz abschmecken.
- Lauch waschen, putzen, in Ringe schneiden und in den Topf geben, sobald die Kartoffeln bissfest sind.
- Die roten Bohnen abspülen, abtropfen lassen und dazugeben.
- Alles noch kurz köcheln lassen, bis auch der Lauch weich ist.

WAS PASST DAZU?

Wenn Sie in einer Pfanne gebackene Bananenhälften und Quinoa dazu servieren, ist es fast, als würden Sie eine Reise in den fernen Süden unternehmen.

Champignon-Kürbis-Terrine

Diese Terrine besteht aus zwei Schichten mit überraschenden Geschmacksnoten: die obere Kürbisschicht schmeckt leicht nach Orange, die Champignonschicht nach Minze.

100 g braune Linsen, bevorzugt Puy-Linsen
Salz
1 EL Sojasauce
1 EL Minze (oder der Inhalt von 1 Teebeutel)
150 g Schalotten
1 Knoblauchzehe
250 g Champignons
Sonnenblumenöl
300 g Kürbisfruchtfleisch
100 ml Orangensaft
1 unbehandelte Mandarine oder Orange
½ TL Kreuzkümmel
Pfeffer
3 Eier
1 Bund Petersilie

- Die Linsen in 200 Milliliter Salzwasser kochen und zum Ende der Garzeit Sojasauce und Minze hinzugeben.
- Den Ofen vorheizen (180 °C Elektrohitze, 160 °C Umluft, Stufe 2–3 Gashitze).
- Schalotten und Knoblauch abziehen und würfeln. Champignons putzen und in Stücke schneiden.
- Schalotten und Knoblauch bei schwacher Hitze in etwas Öl anbraten.
- Champignons dazugeben und mitbraten, bis sie schön angebraten sind.
- Inzwischen das Kürbisfruchtfleisch in Stücke schneiden und diese in einem zweiten Topf im Orangensaft kochen. Mandarine oder Orange heiß abwaschen, trockentupfen, die Schale abreiben und zu den Kürbisstücken geben. Mit Kreuzkümmel, Pfeffer und Salz würzen. Die Kürbisstücke pürieren und das Mus im Wasserbad kurz abkühlen lassen. 1 Ei verquirlen und unterrühren.
- Petersilie waschen, trockenschütteln und fein hacken.
- Die fertig gegarten Linsen mit den Champignons und der Petersilie vermischen, den Topf in ein Wasserbad stellen und abkühlen lassen. 2 verquirlte Eier unterrühren und die Linsenmischung auf dem Boden einer gefetteten Kastenform verteilen. Diese Schicht mit einer Schicht Kürbispüree bedecken.
- Die Terrine 45 Minuten im Ofen backen und aus dem Ofen nehmen, sobald die Oberseite der Terrine fest ist. Zum Servieren nach Wunsch stürzen.

WAS PASST DAZU?

Am besten probieren Sie das schnelle Rezept für die aromatische Pfeffersauce (S. 143) dazu aus oder kombinieren die Terrine mit einem Rotkohlsalat mit gerösteten Haselnüssen und Rosinen (S. 142).

Gebratener Seitan mit Rotweinsauce und Pastinakenkrapfen

Dieses delikate Gericht ist ein wahres Wundermittel gegen jede Winterdepression!

Für die Rotweinsauce:
100 g Schalotten
Öl
3 EL Kandiszucker
400 ml Rotwein
1 EL Sojasauce
1 Zimtstange
Pfeffer und Salz
1 EL Maisstärke

Für die Krapfen:
500 g Pastinaken
1 Ei
2 TL Maisstärke
Muskat
Pfeffer und Salz
Öl zum Frittieren

Für den Seitan:
400 g Seitan
Olivenöl

- Für die Rotweinsauce die Schalotten abziehen, in Scheiben schneiden und bei schwacher Hitze in etwas Öl mit Kandiszucker anbraten. Mit Rotwein und Sojasauce ablöschen, Zimtstange dazugeben und mit Pfeffer und Salz würzen. Die Sauce 15 Minuten köcheln lassen, dann durch ein Sieb geben, in einem Behältnis auffangen und eventuell mit etwas Maisstärke binden.
- Die Pastinaken schälen, in Würfel schneiden und in Salzwasser garen. Abgießen und etwas abkühlen lassen.
- Die Hälfte der Pastinakenwürfel pürieren, Ei und Maisstärke unterrühren und mit Muskat, Pfeffer und Salz würzen.
- Die übrigen Pastinakenwürfel unterrühren.
- Die Friteuse auf 180 °C erhitzen und den Frittierkorb in das Öl geben. Mit einem Teelöffel Portionen vom Pastinakenpüree abstechen und behutsam ins heiße Öl gleiten lassen. Die Krapfen werden schnell goldbraun.
- Seitan kurz in etwas Olivenöl rundum anbraten.
- Seitan zusammen mit den Krapfen und der Rotweinsauce anrichten.

WAS PASST DAZU?
Eine ausgezeichnete Ergänzung ist gekochter und kurz angebratener Rosenkohl.

✓ Tofu mit Austernpilzen und Chicorée

Chicorée lässt sich wunderbar im Wok zubereiten und mit den richtigen Gewürzen bekommt er eine asiatische Note. Eine wirklich gelungene Kombination.

500 g Tofu
500 g Austernpilze
5 Chicorées
2 Knoblauchzehen
40 g frischer Ingwer
½ Chilischote
1 EL Sesamöl oder Woköl
3 EL Sojasauce,
bevorzugt Tamari
3 EL süßsaure Sauce
1 Bund frischer Koriander

- Tofu in etwa 2 Zentimeter große Würfel schneiden. Die Austernpilze putzen und halbieren. Chicorée waschen, trockentupfen und grob in Streifen schneiden. Knoblauch abziehen und Ingwerwurzel schälen. Chilischote waschen, trockentupfen und entkernen. Knoblauch, Ingwer und Chili fein würfeln.
- Einen großen Wok erhitzen, das Öl hineingeben und die Tofuwürfel bei starker Hitze rundum braun anbraten, dann die Hitze reduzieren.
- Knoblauch, Chili und Ingwer dazugeben, kurz mitbraten, dann Sojasauce und süßsaure Sauce dazugeben.
- Austernpilze und Chicorée dazugeben und das Ganze so lange garen, bis die Flüssigkeit vollständig verdunstet ist. Koriander waschen, trockenschütteln und fein hacken.
- Erst kurz vor dem Servieren Koriander darüberstreuen.

WAS PASST DAZU?

Dieses Wokgericht braucht unbedingt als Beilage eine Portion wohlduftenden Reis, wie zum Beispiel Basmatireis. Eine zusätzliche, besonders festliche Note verleiht dem Ganzen ein exotischer Chinakohlsalat mit Mango (S. 143).

WINTER

Windbeutel mit Pastinakencremefüllung

Diese Windbeutel mit ihrer würzigen Füllung sind die herzhafte Variante des klassischen Windbeutels mit Vanillecreme – eine absolut lohnenswerte Entdeckung!

Für 8 Windbeutel:
50 g Butter
100 g Mehl
2 Eier

Für die Pastinakencreme:
400 g Pastinaken
Salz
frische Petersilie
(nach Belieben)
100 ml Sojarahm
1 EL Zitronensaft
Pfeffer

- Den Ofen vorheizen (200 °C Elektrohitze, 180 °C Umluft, Stufe 3–4 Gashitze).
- Für die Windbeutel 125 Milliliter Wasser in einem Topf erwärmen und die Butter darin zerlassen. Mehl unter ständigem Rühren auf ein Mal zugeben und so lange rühren, bis ein fester Teig entsteht, der sich vom Topf löst. Topf vom Herd nehmen und Teig abkühlen lassen. Dann 1 Ei dazugeben und gut unterrühren. Noch 1 Ei dazugeben, gut unterrühren und alles zu einem glatten Teig verarbeiten. Mithilfe von zwei Teelöffeln 8 ovale Knödel formen und diese auf ein gefettetes Backblech legen. Die Windbeutel 20 Minuten im Ofen backen.
- Inzwischen die Pastinakencreme zubereiten: Pastinaken schälen, in Stücke schneiden und in Salzwasser kochen. Etwas Petersilie waschen, trockenschütteln und fein hacken. Die Kochflüssigkeit abgießen (eventuell für eine Suppe auffangen) und die Pastinaken mit Sojarahm, Petersilie und Zitronensaft vermischen. Mit Pfeffer und Salz abschmecken.
- Die Windbeutel aufschneiden, mit der warmen Pastinakencreme füllen. Die gefüllten Windbeutel nebeneinander auf ein Backblech setzen und 5 Minuten im Ofen erwärmen.

WAS PASST DAZU?

Karotten, Rosenkohl und Steckrüben schmecken nicht nur in einem Eintopf ausgezeichnet. Schneiden Sie das Gemüse einfach klein und kochen Sie es weich. Lassen Sie sich von unserem Rezept für feines Wintergemüse auf Seite 144 anregen.

Auch ein Wintersalat aus Brunnenkresse, Feldsalat oder Winterportulak mit gehackten Walnüssen und Apfelstücken schmeckt gut dazu. Die Sauce dafür zaubern Sie im Nu, indem Sie 50 Milliliter Sojarahm mit einem Schuss Nussöl und Apfelessig vermischen und mit Pfeffer und Salz abschmecken.

✓Rotkohl, Apfel und Räuchertofu in Brickteig

Das Tolle an fertigem Brickteig ist, dass Sie darin fast alles verpacken können und immer ein schön knuspriges Ergebnis erhalten. Mit diesem originellen Rotkohlrezept zeigen wir Ihnen, wie es geht.

200 g Rotkohl
2 Stück Sternanis
1 EL Currypulver
Salz
150 g Räuchertofu
1 Apfel
30 g Walnüsse
2 EL Rosinen
1 EL Zucker
4 Brickteigblätter
Olivenöl

- Den Rotkohl waschen, putzen und fein hacken. Rotkohl mit Sternanis, Currypulver und Salz in einen Topf geben und zugedeckt in 100 Milliliter Wasser kochen.
- Inzwischen den Tofu in Würfel schneiden. Apfel schälen, entkernen und Fruchtfleisch in Stücke schneiden. Walnüsse und Rosinen fein hacken.
- Sobald der Rotkohl fertig ist, Walnüsse, Rosinen und Zucker dazugeben und weiter garen, bis die Flüssigkeit verdunstet ist.
- Zum Schluss die Tofu- und die Apfelstücke dazugeben.
- Auf die obere Hälfe eines jedes Brickteigblattes ¼ der Rotkohl-Tofu-Mischung geben, Rand freilassen. Die untere Hälfte und die Ränder über die Füllung klappen. Achten Sie darauf, dass die Ränder oben aufeinanderliegen. Die Päckchen von oben nach innen aufrollen.
- Olivenöl in einer Bratpfanne erhitzen und die Päckchen rundum goldbraun braten.

WAS PASST DAZU?
Fein gedämpfter Lauch mit Currypulver (S. 144) ist immer eine köstliche Beilage, passt aber ganz besonders gut zu diesem Gericht, Gleiches gilt für Quinoa.

WINTER

Mit Schwarzwurzel und Blauschimmelkäse gefüllte Blätterteigröllchen

Eigentlich sind Schwarzwurzeln verkleidete Winterköniginnen, denn unter der schwarzen Schale verbirgt sich eine echte Delikatesse. Um zu vermeiden, dass sich das Gemüse während des Kochens verfärbt, geben wir einen Schuss Öl in das Kochwasser.

8 große, dicke oder
16 kleine Schwarzwurzeln
Salz
Öl
180 g Blätterteig
100 g Blauschimmelkäse
1 Ei

- Den Ofen vorheizen (180 °C Elektrohitze, 160 °C Umluft, Stufe 2–3 Gashitze).
- Schwarzwurzeln schälen und sofort in Wasser legen, damit sie sich nicht verfärben. Anschließend in Salzwasser mit 1 Schuss Öl bissfest garen. Abgießen, abtropfen und vollständig abkühlen lassen.
- Den Blätterteig in 8 Rechtecke ausrollen und den Käse zerkrümeln.
- Auf jedes Blätterteigblatt 1 große Schwarzwurzel oder 2 kleine Schwarzwurzeln legen. Die großen Schwarzwurzeln einritzen und mit jeweils ⅛ des Käses füllen oder den Käse jeweils über 2 kleine Schwarzwurzeln verteilen. Die Blätterteigblätter mit den Schwarzwurzeln aufrollen und den überstehenden Teig abschneiden.
- Die Röllchen mit verquirltem Ei bestreichen und in eine gefettete ofenfeste Form legen.
- Röllchen in etwa 15 Minuten im Ofen goldbraun backen.

WAS PASST DAZU?

Sie möchten Komplimente einheimsen? Dann servieren Sie doch zu den Blätterteigröllchen lauwarmen Austernpilzsalat mit Lauchvinaigrette (S. 140) – da ist Ihnen Lob sicher!

WINTER

131

Hackbällchen in Tomatensauce

Dieses leckere Gericht schmeckt gerade auch Kindern, die vorher überzeugt waren, dass sie kein vegetarisches Essen mögen.

2 Zwiebeln
2 Knoblauchzehen
Olivenöl
800 g Tomatenstücke
(aus der Dose)
2 TL Kräuter der Provence
Pfeffer und Salz
120 g Champignons
400 g Sojahack
8 EL Paniermehl
2 Eier
4 TL Senf
2 TL Oregano

- Zwiebeln und Knoblauch abziehen und würfeln.
- Zwiebeln in etwas Olivenöl bei schwacher Hitze glasig anbraten und den Knoblauch kurz mitbraten.
- Tomatenstücke hinzugeben, mit Kräutern der Provence, Pfeffer und Salz würzen und die Sauce 10 Minuten köcheln lassen.
- Inzwischen die Champignons putzen und sehr fein hacken.
- Sojahack mit Champignons, Paniermehl, Eiern, Senf und Oregano vermischen, mit Pfeffer und Salz abschmecken.
- Die Tomatensauce rühren, bis sie möglichst glatt ist.
- Aus der Sojahackmasse Bällchen formen und diese in Olivenöl anbraten.
- Die Tomatensauce mit den Bällchen servieren.

WAS PASST DAZU?
Da es wieder Spinat gibt, raten wir zu einem Spinatpüree.

Knusprige Lauchtörtchen

Dank ihrer Kruste aus Pinienkernen, Oliven und Kapern schmecken diese Törtchen schon ein wenig nach dem bevorstehenden Sommer.

Für die Füllung:
600 g Lauch
Olivenöl
1 TL Kräuter der Provence
100 ml Sojarahm
1 unbehandelte Zitrone
2 EL Frischkäse
Muskat
Pfeffer und Salz

Für den Teig:
Salz
4 EL Olivenöl
150 g Mehl
Mehl zum Bearbeiten

Für die Kruste:
5 Basilikumblätter
10 entsteinte grüne Oliven
50 g Semmelbrösel
15 Kapern
20 g Pinienkerne
Pfeffer

- Den Ofen vorheizen (180 °C Elektrohitze, 160 °C Umluft, Stufe 2–3 Gashitze).
- Den Lauch in Ringe schneiden, gut waschen und abtropfen lassen.
- Etwas Olivenöl in einer Pfanne erhitzen, die Lauchringe mit Kräutern der Provence bestreuen und bei schwacher Hitze anbraten.
- Inzwischen den Teig zubereiten. 1 Prise Salz, 4 Esslöffel Wasser und Öl mit Mehl vermischen und zu einem glatten Teig verkneten. Den Teig in 4 Portionen aufteilen und die Arbeitsfläche und das Nudelholz mit Mehl bestäuben. Die Teigportionen ausrollen und 4 gefettete Tortenförmchen (Ø etwa 10 Zentimeter) damit auslegen.
- Kurz bevor die Lauchringe ganz weich sind, Sojarahm dazugeben und etwas köcheln lassen. Dann den Topf vom Herd nehmen.
- Die Zitrone heiß abwaschen, trockentupfen, Schale abreiben und diese mit dem Lauch vermischen.
- Frischkäse dazugeben, mit Muskat, Pfeffer und Salz würzen und alles gut vermischen. Die Füllung auf den Teig in den Förmchen geben.
- Für die Kruste Basilikum waschen, trockenschütteln und die Blätter zusammen mit den Oliven fein hacken. Mit Semmelbröseln, Kapern, Pinienkernen und etwas Pfeffer vermischen.
- Die Mischung über die 4 Förmchen verteilen und die Törtchen 30 Minuten im Ofen backen.

WAS PASST DAZU?

Zu diesen Lauchtörtchen schmeckt Blumenkohl oder Knollensellerie gut, aber auch ein Chicoréesalat mit Apfelstreifen (S. 142). Sie können natürlich auch Reis dazu servieren.

WINTER

135

Eintopf mit Tofuwürfeln

Selbst gemachte Gemüsebrühe ist die Basis für diesen Eintopf. Natürlich können Sie stattdessen auch Fertigbrühe verwenden, wovon wir jedoch abraten. Denn Brühe zuzubereiten ist nicht schwer, außerdem werden Sie dabei einige Gemüsereste los und die Brühe schmeckt einfach viel besser.

Für die Brühe:
1 Zwiebel
1 Knoblauchzehe
Öl
1 Karotte
2 Stangen Staudensellerie
10 Pfefferkörner
2 Lorbeerblätter
100 ml Weißwein
4 Stangen Lauch
½ Bund Petersilie

Für den Eintopf:
500 g Kartoffeln
300 g Blumenkohl
350 g Karotten
250 ml Sojarahm
Saft von ½ Zitrone
1 EL Estragon
Pfeffer und Salz
500 g Tofuwürfel

- Für die Gemüsebrühe Zwiebel und Knoblauch abziehen und würfeln. Etwas Öl in einem Topf erhitzen und Zwiebel bei schwacher Hitze glasig anbraten. Inzwischen die Karotte und die Selleriestangen waschen, putzen, trockentupfen und in Stücke schneiden. Beides zusammen mit Knoblauch, Pfefferkörnern und Lorbeerblättern in den Topf geben. Mit Weißwein ablöschen und Flüssigkeit verdunsten lassen. 1,5 Liter Wasser zum Gemüse geben und zum Kochen bringen. Den Lauch waschen und putzen. Den grünen Teil der Lauchstangen abschneiden, in Stücke schneiden und in den Topf geben, die weißen Teile beiseitelegen. Petersilie waschen, trockenschütteln, die Stängel abschneiden und den Rest beiseitelegen. Stängel zum Gemüse geben. Das Gemüse 30 Minuten kochen lassen. Dann die Brühe durch ein Sieb in ein Behältnis abgießen.
- Kartoffeln schälen, waschen und in Stücke schneiden. Blumenkohl waschen, putzen und in Röschen teilen. Karotten waschen, putzen und in Stücke schneiden. Die weißen Teile der Lauchstangen in Ringe schneiden.
- Karotten kurz in etwas Öl anbraten.
- Kartoffeln dazugeben, kurz mitbraten und dann die Brühe hinzugeben. Karotten und Kartoffeln 10 Minuten kochen.
- Blumenkohl, Lauch und Sojarahm dazugeben und mit Zitronensaft, Estragon, Pfeffer und Salz würzen.
- Die Tofuwürfel dazugeben und das Ganze weitere 3 Minuten köcheln lassen. Restliche Petersilie fein hacken.
- Den Eintopf in Suppenteller geben und mit Petersilie bestreuen.

Überbackene Makkaroni mit Mais, Paprikaschote und Zitrone

Dank des Zitronensaftes erhält die Béchamelsauce für dieses Nudelgericht eine erfrischende und pikante Note. Das farbenfrohe Gemüse erfreut Auge und Gaumen. Dieses Gericht lieben Kinder ebenso wie ihre Eltern.

Salz
250 g Makkaroni
1 Zwiebel
1 Knoblauchzehe
1 rote Paprikaschote
2 Stangen Lauch
75 g Margarine
1 TL Estragon
275 g Maiskörner (aus der Dose; Abtropfgewicht)
75 g Mehl
750 ml Milch
Saft von 1 Zitrone
100 g geriebener Käse
Pfeffer
Paniermehl

- Den Ofen vorheizen (200 °C Elektrohitze, 180 °C Umluft, Stufe 3–4 Gashitze).
- Salzwasser zum Kochen bringen und Makkaroni darin bissfest kochen. Makkaroni abgießen und abtropfen lassen.
- Zwiebel und Knoblauch abziehen und würfeln. Paprikaschote waschen, putzen, trockentupfen und in Stücke schneiden. Lauch waschen, putzen und in Ringe schneiden.
- Margarine erhitzen und die Zwiebel bei schwacher Hitze darin glasig anbraten.
- Knoblauch, Paprikaschote und Estragon dazugeben und so lange braten, bis die Paprikaschote fast weich ist.
- Dann die Lauchringe dazugeben und alles fertig garen.
- Mais hinzugeben und noch kurz mitgaren lassen.
- Das Gemüse mit dem Mehl bestäuben, umrühren und unter ständigem Rühren Milch hinzugießen. So lange rühren, bis die Sauce kocht, dann den Topf vom Herd nehmen, Zitronensaft dazugeben, Käse unterrühren und die Sauce mit Pfeffer und Salz abschmecken.
- Die Käsesauce gut mit den Nudeln vermischen.
- Die Nudeln in eine gefettete ofenfeste Form geben, mit etwas Paniermehl bestreuen und 30 Minuten im Ofen überbacken.

FESTLICHE SALATE

✔ Lauwarmer Austernpilzsalat mit Lauchvinaigrette

Diesen Salat können Sie gut auch als Vorspeise kredenzen.
Lassen Sie dann einfach die Kartoffeln weg und halbieren Sie
die Menge an Lauchvinaigrette. Wenn Sie wollen, können Sie
die Hälfte der Austernpilze durch Seitan ersetzen.

500 g Kartoffeln, Salz
50 g braune oder grüne Linsen
2 Stangen Lauch
Olivenöl
4 EL Sonnenblumenöl
4 EL Nussöl
1 TL Weißweinessig
1 TL Senf
Pfeffer
500 g Austernpilze

- Kartoffeln schälen, waschen und in Salzwasser kochen. Abkühlen lassen und in Scheiben schneiden.
- Die Linsen ebenfalls in Salzwasser kochen und abkühlen lassen.
- Den Lauch waschen, putzen, in kleine Stücke schneiden und in etwas Olivenöl anbraten.
- Für die Vinaigrette Sonnenblumenöl, Nussöl, Essig, Senf, Pfeffer und Salz vermischen und die Lauchstücke unterrühren.
- Die Kartoffelscheiben und die Linsen vermischen und in eine Schüssel geben. Mit der Hälfte der Lauchvinaigrette beträufeln.
- Die Austernpilze putzen, in Streifen schneiden, in Olivenöl bei starker Hitze anbraten und mit Pfeffer und Salz abschmecken.
- Austernpilze auf die Kartoffel-Linsen-Mischung geben und die restliche Vinaigrette darübergießen.

DEFTIGER EINTOPF

✓Wintergemüse mit Räuchernote

Jetzt ist die richtige Zeit für köstliche Eintöpfe, deren kräftiges Aroma die ganze Küche erfüllt. Da kann der kalte Winter ruhig kommen!

1 Zwiebel
2 Knoblauchzehen
500 g Karotten
Olivenöl
400 g Kartoffeln
400 g Pastinaken
500 g Steckrüben
500 g Rosenkohl
2 TL Kräuter der Provence
1 EL Senf
250 g Räuchertofu

- Zwiebel abziehen, würfeln, Knoblauch abziehen und sehr fein würfeln. Karotten schälen und in Stücke schneiden.
- Zwiebel bei schwacher Hitze in einem Topf in etwas Öl glasig anbraten und Knoblauch dazugeben.
- Karotten dazugeben, anbraten.
- Kartoffeln, Pastinaken und Steckrüben schälen, waschen und in Stücke schneiden. Rosenkohl waschen, putzen und halbieren.
- Das ganze Gemüse zu den Zwiebeln und den Karotten geben.
- Mit Kräutern der Provence und Senf würzen. 1 Liter warmes Wasser dazugießen und das Gemüse köcheln lassen.
- Den Räuchertofu in Würfel schneiden und dazugeben. Alles noch kurz köcheln lassen, bis das Gemüse weich ist.

TOLLER SNACK

✓Wrap mit Chili sin Carne

Manche Menschen behaupten ja, dass sie Bohnen gar nicht mögen, aber über dieses Rezept hat sich noch niemand negativ geäußert.

250 g Zwiebeln
2 Knoblauchzehen
Olivenöl
500 g Tomatenstücke (aus der Dose)
2 TL Oregano
1 TL Kreuzkümmel
Salz
1 Prise Chilipulver
500 g rote Bohnen (aus der Dose; Abtropfgewicht)
100 g pikanter geriebener Käse (oder ✓ 4 EL Hefeflocken)
4 Wraps (Tortillas)

- Zwiebeln und Knoblauch abziehen, würfeln und bei schwacher Hitze in Öl anbraten. Tomatenstücke, Oregano, Kreuzkümmel, Salz und Chilipulver dazugeben. Die Sauce 10 Minuten köcheln lassen.
- Die Bohnen unterrühren. Den Topf vom Herd nehmen, sobald alles gut warm ist, und danach Käse (oder Hefeflocken) unterrühren.
- Die Wraps in einer Pfanne ohne Fett oder in der Mikrowelle erwärmen.
- In die Mitte eines jeden Wraps etwas Füllung geben, aber so, dass unten noch ein Rand frei bleibt. Diesen unteren Rand nach oben klappen und auch den linken und rechten Rand nach innen klappen, sodass eine Tasche entsteht.
- Die Wraps mit einem Salat und etwas veganer Mayonnaise (S. 41) oder Joghurtsauce (S. 75) anrichten.

KNACKIGE WINTERSALATE

Genießen Sie es, dass die Zeit für typisches Wintergemüse wieder angebrochen ist. Und wenn Sie wollen, können Sie sich zwischendurch mit Mangos verwöhnen, denn auch die gibt es jetzt wieder.

✓ Pickles aus Wintergemüse

200 g Pastinaken

100 g Karotten

100 g Weißkohl

Olivenöl

1 TL Kurkuma

½ TL Ingwerpulver

½ TL Senfsamen

150 ml Weinessig

100 g Rohrzucker

3 EL Apfeldicksaft

1 TL Salz

- Das Gemüse waschen, schälen oder putzen und in Stücke schneiden.
- Das Gemüse in Öl anbraten, Gewürze dazugeben.
- 250 Milliliter Wasser, Essig, Zucker und Apfeldicksaft dazugeben und mit Salz abschmecken. Zum Kochen bringen und köcheln lassen, bis das Gemüse weich ist.
- Gemüse abgießen (Flüssigkeit nicht auffangen) und abkühlen lassen.

✓ Chicoréesalat mit Apfelstreifen

500 g Chicorée

1 Apfel

Sonnenblumenöl

Essig

1 TL Thymian

Pfeffer und Salz

- Chicorée längs halbieren, die harten Teile entfernen und die Blätter in Streifen schneiden. Chicorée danach gründlich waschen, damit er sich nicht verfärbt.
- Apfel schälen und mit einem Sparschäler dünne Streifen abhobeln.
- Die Apfelstreifen mit dem Chicorée vermischen.
- Etwas Öl, 1 Schuss Essig, Thymian, Pfeffer und Salz verrühren und mit dem Salat vermischen.

✓ Rotkohlsalat mit gerösteten Haselnüssen und Rosinen

½ Tasse Haselnüsse

¼ Rotkohl

¼ Tasse Rosinen

Öl, Essig, Pfeffer und Salz

- Die Haselnüsse in einer Pfanne ohne Fett rösten, sodass die braunen Häutchen trocknen. Etwas abkühlen lassen und die Häutchen so gut wie möglich entfernen, indem Sie die Nüsse in der Hand aneinanderreiben.
- Rotkohl waschen, putzen und möglichst fein schneiden. Mit den Nüssen und den Rosinen vermischen.
- Eine Vinaigrette aus Öl, Essig, Pfeffer und Salz herstellen und über die Rotkohl-Nuss-Mischung geben.

✔ Chinakohlsalat mit Mango

1 TL Sesam

300 g Chinakohl

1 TL Kümmelpulver

3 EL Sonnenblumenöl

Pfeffer und Salz

2 Mangos

½ Chilischote

2 EL Ingwersirup

2 EL Sesamöl

Saft von ½ Zitrone

- Sesam in einer Pfanne ohne Fett rösten.
- Chinakohl waschen, trockentupfen und in schmale Streifen schneiden. Mit Sesam, Kümmelpulver, Sonnenblumenöl, Pfeffer und Salz vermischen.
- Die Mangos schälen und das Fruchtfleisch in schmale Streifen schneiden. Chilischote waschen, entkernen und fein würfeln.
- Die Mangostreifen mit Chilistücken, Ingwersirup, Sesamöl, Zitronensaft, Pfeffer und Salz vermischen und auf einem Bett aus Chinakohl anrichten.

SCHNELLE SAUCEN

In Kochkursen taucht immer wieder die Frage auf, wie sich am besten eine braune Sauce herstellen lässt. Die Antwort ist ganz einfach: mit Sojasauce, am liebsten mit Tamari, einer Sojasauce aus dem Bioladen. Geben Sie einfach einen Schuss Sojasauce in warmen Sojarahm – noch so ein praktisches Produkt – und schon ist Ihre braune Sauce fertig. Sojasauce ist auch eine wunderbare Zutat für eine Pfeffersauce oder Champignonsauce.

✔ Braune Sauce

200 ml Sojarahm

Sojasauce (zum Beispiel Tamari)

- Den Sojarahm erwärmen und 1 kräftigen Schuss Sojasauce dazugeben. Fertig!

✔ Variation: Pfeffersauce

- 1 Teelöffel eingelegte Pfefferkörner zum Sojarahm geben. Sojarahm erwärmen und 1 kräftigen Schuss Sojasauce dazugeben.

✔ Champignonsauce mit Salbei

250 g Champignons

Öl

1 TL Salbei

1 EL Sojasauce

250 ml Sojarahm

Pfeffer und Salz

- Champignons putzen und in Scheiben schneiden. Öl in eine Pfanne geben, mit Salbei würzen, Champignons anbraten und mit Sojasauce beträufeln. 5 Minuten köcheln lassen und Sojarahm, Pfeffer und Salz dazugeben.

DELIKATE WINTERBEILAGEN

Unterschätzen Sie die guten Eigenschaften von Wintergemüse nicht. Das Aroma können Sie wunderbar mit Gewürzen intensivieren – so entstehen köstliche Geschmackskontraste.

√Aromatisches Kürbispüree

1 Kürbis mit orangefarbenem Fruchtfleisch (etwa 1 kg schwer)
2 TL Spekulatiusgewürz
1 TL Currypulver
Pfeffer und Salz

- Verwenden Sie unseren Trick, um harten Kürbissen Herr zu werden: Kürbis waschen und dann 15 Minuten im Ganzen auf einem Teller in die Mikrowelle stellen, bis er weich ist. Danach in Stücke schneiden und entkernen. Die Schale muss nicht entfernt werden.
- Spekulatiusgewürz, Currypulver, Pfeffer und Salz in etwas Wasser geben und die Kürbisstücke 15 Minuten darin kochen.
- Dann die Kürbisstücke pürieren.

√Lauch mit Currypulver

2 Stangen Lauch
1 Knoblauchzehe
Öl
1 TL Currypulver, Salz

- Lauch waschen, putzen und in Ringe von etwa 2 Zentimetern Dicke schneiden. Knoblauch abziehen und fein würfeln.
- Lauch mit dem Knoblauch in etwas Öl und 1 Schuss Wasser 10 Minuten dünsten. Mit Currypulver und Salz abschmecken.

√Pastinaken mit Chicorée und Ingwer

400 g Pastinaken
4 Chicorées
40 g frischer Ingwer
Öl
2 EL Cashewkerne
Pfeffer und Salz

- Pastinaken schälen und in Streifen schneiden. Chicorée waschen, putzen, die harten Teile entfernen und die Blätter in große Stücke schneiden. Ingwerwurzel schälen und fein würfeln.
- Öl in einem Wok erhitzen, Ingwer und Pastinaken dazugeben und unter ständigem Rühren 5 Minuten anbraten.
- Chicorée unter Rühren dazugeben.
- Cashewkerne dazurühren.
- Mit Pfeffer und Salz abschmecken.

√Feines Wintergemüse

250 g Rosenkohl
300 g Karotten
250 g Steckrüben
Olivenöl
1 TL Kräuter der Provence
Pfeffer und Salz

- Rosenkohl waschen, putzen und halbieren. Karotten und Steckrüben waschen, schälen oder putzen und in Stücke schneiden.
- Olivenöl in eine Pfanne geben, Kräuter dazugeben und Karotten und Rosenkohl etwa 5 Minuten darin garen.
- Dann die Steckrüben dazugeben, mit 1 Schuss Wasser beträufeln und das Gemüse weich dünsten. Mit Pfeffer und Salz abschmecken.

✓Süßsaure Rote Bete

650 g Rote Bete , 40 g Rohrzucker
40 ml Weißweinessig
Salz, ½ EL Maisstärke

- Die Roten Bete schälen, in Würfel schneiden und in Wasser garen.
- Abgießen und Kochflüssigkeit auffangen. ⅓ der Flüssigkeit mit Zucker, Essig und Salz vermischen und zusammen mit den Roten Beten wieder zum Kochen bringen.
- Die restliche Kochflüssigkeit mit Maisstärke zu einer Sauce binden.

✓Pfannengerührter Wirsing

½ Wirsing
Olivenöl
1 EL Kräuter der Provence, Pfeffer und Salz

- Wirsing waschen, putzen und in feine Streifen schneiden.
- Die Streifen unter ständigem Rühren in heißem Olivenöl mit 1 kleinen Schuss Wasser garen.
- Mit Kräutern der Provence, Pfeffer und Salz abschmecken.

✓Rotkohl mit Sojasauce

½ Rotkohl, Sonnenblumenöl
100 ml Sojasauce (bevorzugt Tamari)
Pfeffer und Salz

- Rotkohl waschen, putzen und in feine Streifen schneiden. Öl in einem Wok erhitzen und Kohl hineingeben. Sojasauce dazugießen, mit Pfeffer und Salz abschmecken und unter Rühren die Kohlstreifen weich garen.

AUSGEFALLENE BROTAUFSTRICHE

✓Pastinakencreme mit getrockneten Tomaten

Hefeflocken haben ein sehr kräftiges Aroma. Sie können sie mit Gemüse vermischen oder zum Bestreuen verwenden. Im folgenden Rezept erhalten die Pastinaken einen leichten Käsegeschmack, obwohl überhaupt kein Käse zum Einsatz kommt.

200 g Pastinaken, Salz
50 g Cashewkerne
5 sonnengetrocknete, in Öl eingelegte Tomaten
2 TL Hefeflocken
Pfeffer

- Pastinaken schälen, in Würfel schneiden und 10 Minuten in Salzwasser kochen.
- Inzwischen die Cashewkerne zusammen mit den getrockneten Tomaten und den Hefeflocken fein mahlen.
- Pastinaken abgießen und mit den übrigen Zutaten vermischen. Mit Pfeffer und Salz abschmecken.

Avocadodip mit Estragon

2 reife Avocados
2 TL Zitronensaft
2 TL Estragon
Pfeffer und Salz
4 TL Naturjoghurt

- Avocado halbieren, den Kern entfernen und das Fruchtfleisch mit einem Löffel herauslösen. Das Fruchtfleisch mit Zitronensaft, Estragon und reichlich Pfeffer und Salz cremig rühren. Joghurt untermischen.
- Fruchtfleisch der zweiten Avocado würfeln und in die Creme rühren.

FRÜHLING

Mit den Rezepten aus diesem Buch lassen sich auch herrliche Büfetts zusammenstellen, zum Beispiel für ein Frühlingsfest. Denn viele Gerichte sind auch kalt köstlich.

Hier ein Vorschlag für eine ganz besonders gelungene Kombination:

- Spargelauflauf (S. 30)
- Fenchel-Safran-Törtchen (S. 34)
- Frühlingsgrüner Nudelsalat (S. 39)
- Rote-Bete-Creme mit Meerrettich (S. 43)
- Knusprige marokkanische Filotorte mit Haube (S. 21)
- Spinattimbales mit Räuchertofu-Füllung (S. 25)
- Vegane Mayonnaise mit Currypulver und Estragon (S. 41)
- Vegane Mayonnaise mit Gartenkresse (S. 41)
- Gemüsemacédoine (S. 40)
- Spitzkohl mit Karotten (S. 41)

Wenn Sie ein klassisches Menü aus warmen Speisen vorziehen, dann empfehlen wir zum Beispiel folgende Zusammenstellung:

Appetizer:
- Kleine Toasts mit Rote-Bete-Creme mit Meerrettich (S. 43)
- Knusprige Blumenkohlröschen mit Mandeln (S. 42)

Vorspeise:
- Knuspriger Spargel mit Frühlingssauce (S. 17)

Hauptspeise:
- Spinattimbales mit Räuchertofu-Füllung (S. 25) mit einer Senfsauce (S. 41), jungen Karotten und neuen Kartoffeln

SOMMER

In diesem Buch finden Sie auch zahlreiche Ideen für ein schönes und kulinarisch gelungenes Sommerfest.

Ein mediterran angehauchtes Büfett könnte so aussehen:
- Südtiroler Strudel (S. 55)
- Auberginen-Caponata (S. 76)
- Italienische Muffins (S. 73)
- Nudelsalat mit sonnengetrockneten Tomaten und Kapern (S. 74)
- Rucola-Reis-Salat (S. 74)
- Auberginensalat mit Minze und Toasts mit Tapenade (S. 72)
- Tomatenvinaigrette (S. 75)
- Tsatsiki (S. 75)

Wenn Sie gerne zur Kochschürze greifen, dann sollten Sie sich ruhig einmal an dieses festliche Sommermenü wagen:

Appetizer:
- Kleine Toasts mit Auberginenmus (S. 77)
- Italienische Muffins (S. 73)

Vorspeise:
- Spieße mit Räuchertofu und Nektarine (S. 60) und/oder Indische Bällchen (S. 56)
- Vegane Mayonnaise mit Currypulver und Estragon (S. 41)

Hauptspeise:
- Lasagne mit Spinat und Fenchel-Safran-Sauce (S. 67)
- Gegrillte Strauchtomaten (S. 110)

Alternative Hauptspeise:
- Moussaka mit Auberginen und Linsen (S. 48)
- Griechischer Endiviensalat (S. 109)
- Tsatsiki (S. 75)

HERBST

Auf einem herbstlichen Büffet machen sich folgende Gerichte gut:

- Blätterteigtörtchen mit Aubergine, sonnengetrockneten Tomaten und Oliven (S. 85)
- Ungarisches Gulasch mit Seitan (S. 86)
- Goldene Kürbiskugeln mit Ingwer und Zitrone (S. 89)
- Herbstkuchen mit Kürbis, Pastinaken, Apfel und Trauben (S. 94)
- Apfel-Nuss-Taler mit Erdnussmus (S. 97)
- Süßsaurer Salat mit rotem Couscous (S. 106)
- Griechischer Endiviensalat (S. 109)
- Hummus (S. 111)

Oder Sie laden Freunde zu einem herrlichen Herbstmenü ein, diese Abfolge bietet sich an:

Appetizer:
- Goldene Kürbiskugeln mit Ingwer und Zitrone (S. 89) (kleine Bällchen)
- Kleine Toasts mit Karottentatar (S. 111)

Vorspeise:
- Risotto mit Lauch, Wildpilzen und Kürbisschiffchen (S. 102) (halbe Portion)

Hauptspeise:
- Tarte Tatin mit Chicorée und Süßkartoffeln (S. 105)
- Pastinakenkrapfen (S. 123)
- Senfsauce (S. 41)
- Frische Schwarzwurzeln
- Rotkohl mit Sojasauce (S. 145)

WINTER

Hier ein Vorschlag für eine winterliche Tafel:

- Wildeintopf (S. 116)
- Champignon-Kürbis-Terrine (S. 120)
- Windbeutel mit Pastinakencremefüllung (S. 127)
- Rotkohl, Apfel und Räuchertofu in Brickteig (S. 128)
- Mit Schwarzwurzel und Blauschimmelkäse gefüllte Blätterteigröllchen (S. 131)
- Knusprige Lauchtörtchen (S. 135)
- Lauwarmer Austernpilzsalat mit Lauchvinaigrette (S. 140)
- Chicoréesalat mit Apfelstreifen (S. 142)
- Avocadodip mit Estragon (S. 145)

Wenn Sie Gäste kulinarisch beeindrucken wollen, gelingt Ihnen das mit einem winterlichen Menü mit Sicherheit:

Appetizer:
- Kleine Toasts mit Tapenade (S. 72)
- Italienische Muffins (S. 73)
- Kleine Toasts mit Avocadodip mit Estragon (S. 145)

Vorspeise:
- Windbeutel mit Pastinakencremefüllung (S. 127)

Hauptspeise:
- Wildeintopf (S. 116)
- Polentakroketten (S. 71)
- Gefüllte und überbackene Chicorées (S. 115)
- Gedämpfte Birnen (S. 115)

Der
Vorratsschrank
und frische Produkte

DER VORRATSSCHRANK

Einer der vielen Vorteile, die das Kochen mit pflanzlichen Produkten mit sich bringt, sind die guten Aufbewahrungsmöglichkeiten. Denn viele Zutaten können in einem Vorratsschrank gelagert werden, da sie weit weniger schnell verderben als tierische Produkte. Daher ist es ein Leichtes, sukzessive einen umfassenden Vorrat an köstlichen Zutaten anzulegen. Somit können Sie problemlos jederzeit loslegen, denn viele der benötigten Zutaten werden Sie vermutlich schon zu Hause haben.

Hier verraten wir Ihnen gerne, mit welchen Zutaten unser Vorratsschrank zu jeder Jahreszeit bestückt ist. Es sind unsere Lieblingszutaten!

Getrocknete Gartenkräuter

Wir verwenden gerne getrocknete Kräuter. Frische Kräuter schmecken besonders gut in kalten Gerichten und in Gerichten mit einer sehr kurzen Kochzeit. Für Ofengerichte oder solche mit einer längeren Kochzeit können Sie aber genauso gut auf getrocknete Kräuter zurückgreifen. Und das ruhig in ausreichender Menge!

In der vegetarischen Küche wird sehr gerne **Estragon** verwendet. Daher empfiehlt es sich, immer eine größere Menge davon vorrätig zu haben, denn von diesem Kraut verschwindet nicht selten ein ganzer Teelöffel im Essen! Estragon passt zu den meisten Gemüsesorten und verträgt sich auch wunderbar mit geschmacksintensiven Zutaten wie Senf oder Currypulver.
Oregano, auch **Wilder Majoran** genannt, gehört ebenfalls unbedingt in den Vorratsschrank, vor allem zum Würzen von mediterranen Gerichten, aber auch für Gerichte mit Chili oder Currypulver.
Wenn er noch nicht bekannt wäre, dann würde etwas fehlen: der herrliche Geschmack von **Thymian**. Oft verleiht Thymian gerade einfachen, wenig ausgefallenen Gerichten das gewisse Etwas.
Wer gerne experimentiert, sollte sich ruhig trauen, verschiedene Kräuter zu mischen – es gelingt fast immer. Ein gutes Beispiel hierfür sind die **Kräuter der Provence**. Die verwendeten Kräuter und deren Anteile in dieser Mischung sind nie wirklich gleich. Dennoch passen die unterschiedlichen Aromen gut zusammen und auch zu vielen Gemüsesorten, die wir gar nicht mit der Provence assoziieren, wie Wirsing oder Grünkohl.
Ein Kraut, das leicht nach Anis schmeckt und sich sehr gut als Gewürz für mild schmeckendes Gemüse wie Gurke, Fenchel, Spargel, Karotten oder Zucchini eignet, ist **Dill**.
Auch mit getrockneter **Minze** lassen sich wunderbare Geschmackserlebnisse erzeugen. Und wenn es einmal keine Minze im Laden gibt, können Sie einfach Pfefferminztee kaufen und den Inhalt der Beutel verwenden.

Gewürze

Wer milde Gewürze wie Kreuzkümmel, Koriander und Kardamom noch nicht kennt, sollte sie unbedingt ausprobieren, denn ihr Aroma verleiht so manchem Essen einen einzigartigen Charakter. **Kreuzkümmel** oder **Kümmel** sollten Sie immer in zwei Varianten zu Hause haben: als ungemahlene Samen, die ein Essen auch optisch aufwerten können, und als Pulver, damit sich der Geschmack besser mit anderen Geschmacksnoten vermischen kann. Ob zu Tomaten oder Kohl, dieses ziemlich dominante Gewürz passt zu den meisten Gemüsesorten.

Von **Koriander** verwenden wir immer nur die gemahlene Form. Dieses Gewürz ist unverzichtbar für indische Gerichte. Zusammen mit **Kreuzkümmel** und **Kardamom**, der würzigen Hülsenfrucht, die wir auch meist in Pulverform verwenden, stellt Koriander das Basisgewürz für viele aromatische Currys dar.

Die indische Küche kennt auch eine ganz besondere Gewürzmischung, die Sie unbedingt kaufen sollten: **Garam masala**. Eine ganz gewöhnliche **Spekulatiusgewürzmischung**, die traditionell nur in süße Leckereien kommt, schmeckt ebenfalls ausgezeichnet in einigen Gemüsegerichten.

Selbstverständlich kommt auch **Currypulver** häufig zum Einsatz. Da es sich dabei um eine Gewürzmischung handelt, verleiht es einem Gericht einen sehr vielfältigen Geschmack. Es eignet sich für Suppen, Saucen, für Salatsaucen und Ragouts, für Füllungen, Aufstriche und Frikadellen. Das stark gelb färbende **Kurkuma** ist häufig Bestandteil von Currys und wird allgemein gerne verwendet, um einem eher farblosen Gericht ein ansprechendes Aussehen und eine milde Geschmacksnote zu geben. Auch **Paprikapulver** würzt eher mild, und **Senfsamen** werten ein Gericht auch optisch auf.

Dill- und **Selleriesamen** sind die Geheimtipps für experimentierfreudige Köche. Nicht nur gedünstetes Gemüse, sondern auch Ragouts können mit diesen Gewürzen geschmacklich stark variiert werden. Obwohl sie unterschiedlich schmecken, können sie oft beliebig ausgetauscht werden.

Gemahlener Fenchel kann wie **Anissaat** verwendet werden und verleiht einem eher neutral schmeckenden Essen die nötige Würze. So erhalten zum Beispiel Falafeltaler ihren besonderen Geschmack: Hierzu werden die gemahlenen Kichererbsen mit Fenchel, Anis, Kreuzkümmel und Koriander vermischt.

Safran gehört ebenfalls zu unseren Lieblingsgewürzen. Wie **Zimt**, **Vanille** und **Sternanis** finden wir dieses Gewürz nicht nur in Süßspeisen wieder, sondern auch in herzhaften Gerichten. Das Ergebnis lässt sich in zwei Worten zusammenfassen: unglaublich aromatisch!

Neben **schwarzem Pfeffer** hält jeder gut ausgestattete Vorratsschrank auch **Chilipulver** und **Cayennepfeffer** bereit. Verwendung? Nach eigenem Geschmack!

Wie bei den Kräutern gilt auch hier: Experimentieren Sie ruhig und mischen Sie auch einmal Gewürze und Gartenkräuter miteinander. Probieren Sie doch zum Beispiel eine Mischung aus Currypulver, Oregano und Paprikapulver. Oder für die Suppe vielleicht Currypulver und Estragon? Nur zu! Die meisten Gerichte sollen ja einen ausgeprägten, würzigen Geschmack erhalten, und Sie werden sehen, wie einfach es ist, dies zu erreichen.

Mehl, Grieß, Flocken und Speisestärke

Außer Getreidemehl, wie zum Beispiel **Weizen**-, **Buchweizen**-, **Dinkel**-, **Reis**- und **Reisgrießmehl**, gibt es auch Mehl und Speisestärke aus Hülsenfrüchten und Gemüse, ja sogar aus Algen. Jede Speisestärke besitzt spezifische Eigenschaften.

Kichererbsenmehl finden Sie ganz sicher im Asialaden. Dieses Mehl hat einen sehr hohen Kleberanteil und bindet so stark, dass man damit vermutlich sogar ein Haus bauen könnte. In der indischen Küche wird es oft für die Herstellung von pikanten Gemüsebällchen verwendet. In einigen Rezepten kann anstelle eines Eis eine Kichererbsenmehl-Wasser-Mischung verwendet werden. Wir benutzen dieses Mehl häufig für den Teig von frittierten Snacks, als Panade ohne Ei, und wer will, kann damit sogar Pfannkuchen zubereiten. Kichererbsenmehl schmeckt leicht bitter.

Maisstärke, Maismehl und Maisgrieß werden alle aus Mais hergestellt, können aber ganz unterschiedlich verwendet werden.
Mit **Maisstärke** lässt sich Flüssigkeit binden, also andicken. Maisstärke ist schneeweiß und sehr fein gemahlen.
Maismehl ist ein völlig anderes Produkt. Es ist hellgelb und kann wie Kichererbsenmehl ohne Ei zum Beispiel für Pfannkuchen oder Panade benutzt werden. Wir verwenden Maismehl auch zum Andicken von Terrinen. Maisgrieß ist gröber als Maismehl und fast überall erhältlich. Aus **Maisgrieß** wird zum Beispiel Polenta zubereitet.
Die aus der **Pfeilwurz** hergestellte Stärke, auch **Arrow Root** genannt, sieht nicht nur aus wie Maisstärke, sie wird auch so verwendet.

Aus **Kastanienmehl** lässt sich ganz einfach Teig für köstliche Pfannkuchen, Beignets und herzhaftes oder süßes Gebäck herstellen.

Getreideflocken finden nicht nur in Müsli ihre Verwendung, sondern auch in verschiedenen Füllungen, in Gebäck und Terrinen.

Für das Binden kalter Flüssigkeiten eignet sich **Agar-Agar** hervorragend. Im Ergebnis ist es vergleichbar mit Gelatine, einem Tierprodukt. Agar-Agar ist einfach anzuwenden. Es bindet bereits bei Zimmertemperatur und verleiht eine feste Konsistenz. Es kann sowohl für herzhafte als auch für süße Speisen verwendet werden oder auch als Bindemittel für Flüssigkeiten aller Art, die erst aufgekocht werden müssen. Dazu wird ein wenig Agar-Agar-Pulver in die warme Flüssigkeit gestreut, die danach noch einmal aufgekocht werden muss, bevor sie zum Abkühlen in eine Form gegossen wird. Nach dem Erkalten hat die Flüssigkeit dann eine feste Konsistenz angenommen. Mittlerweile ist Agar-Agar ein ziemlich weit verbreitetes Produkt und lässt sich problemlos in Bioläden oder in Asialäden einkaufen, hier manchmal sogar in einer Farbvariante. Allerdings ist es besser, den weißen Agar-Agar zu kaufen, denn ob eine blaue oder rote Färbung dem optischen Erscheinungsbild Ihres Essens zuträglich ist, ist fraglich.

Getreide und Körner

Getreide und Körner sind praktische Zutaten, sie sind leicht zuzubereiten, und wenn etwas übrig bleiben sollte, können Sie es problemlos am nächsten Tag erneut auftischen. Mit wenig Mühe erzielen Sie ein unglaublich nahrhaftes Ergebnis!

Es gibt viele verschiedene Sorten **Reis**, die es alle zu entdecken lohnt. Sie unterscheiden sich entweder von der Form und vom Stärkegehalt her oder bezüglich des Geschmacks. Außerdem werden einige Reissorten sowohl geschält als auch ungeschält angeboten.

Da uns der Nährwert von Reis wichtig ist, ziehen wir die ungeschälte Variante – den **Naturreis** – vor. Naturreis ist rund oder länglich und ist noch von einem silberfarbenen Häutchen umhüllt. Es gibt auch Reis, bei dem dieses Häutchen nur teilweise entfernt worden ist. Dieser Reis bedarf einer kürzeren Kochzeit als Naturreis.

Die am stärksten duftenden Reissorten sind **Basmatireis** und **Jasminreis**. Beide haben längliche Körner. Sie schmecken besonders gut, wenn Sie den Reis vor dem Kochen kurz in Öl anbraten, anschließend mit kochendem Wasser übergießen, kurz umrühren und dann kochen.

Arborioreis hat dickere, runde Körner und ist die Basiszutat für Risotto. Da dieser Reis mehr Stärke enthält als andere Sorten, klebt er sehr stark.

Milchreis wird aus stärkehaltigem Rundkornreis zubereitet. Dieser Reis gibt während des Kochens die Stärke an die Flüssigkeit ab und bindet sie so wie zum Beispiel bei Reisbrei. Diese besondere Eigenschaft ist auch **Klebreis** zu eigen.

Es gibt auch einen **lilafarbenen Klebreis**, eine Mischung aus weißem Reis und einer Sorte, die sich während des Kochens lila färbt. Grundsätzlich können Sie alle Klebreissorten zur Herstellung von Reiskroketten oder Gebäck verwenden, aber dieser ist sicherlich etwas ganz Besonderes!

Weizen wird in Gerichten in der Form von feinen **Bulgur**körnern oder noch feineren **Couscous**körnchen verwendet. Die Vollkornvariante dieser beiden Hartweizenprodukte aus dem Bioladen hat viel mehr Geschmack und einen höheren Nährwert als die raffinierte Variante. Wegen der kurzen Kochzeit sind beide Weizenprodukte sehr praktische Zutaten. Bulgur und Couscous werden aus gedünstetem Weizen hergestellt, wobei Bulgur nachträglich gebrochen und Couscous vorher zu feinem rundkörnigen Granulat geformt wird.

Auch **Nudeln** werden meistens aus **Hartweizen** gemacht, manchmal allerdings auch aus **Dinkel**. Reis und Buchweizen bilden oft die Basis für asiatische Nudeln.

Hirsekörner sind klein und rund. Da die Körnchen nach dem Kochen sehr klebrig sind, eignet sich Hirse wunderbar für die Zubereitung von Kroketten.

Wenn Sie **Quinoa** noch nicht kennen, sollten Sie es unbedingt ausprobieren. Die winzigen Körnchen sehen zwar aus wie Getreide, sind es aber nicht. Quinoa sind die Samen einer mit dem Spinat verwandten Pflanze aus den Anden. Sie enthalten sehr viel Eiweiß, Mineralstoffe, Vitamine und pflanzliche Fette. Quinoa ist in allen Bioläden und einigen Supermärkten erhältlich.

Hülsenfrüchte

Jahrhundertelang waren Hülsenfrüchte ein fester Bestandteil der täglichen Ernährung unserer Vorfahren, mit der Zeit sind sie aber immer mehr von anderen Lebensmitteln verdrängt worden. Nur Erbsen und grüne Bohnen kommen noch gelegentlich auf unsere Teller. Deshalb ist es an der Zeit, die Hülsenfrüchte neu zu entdecken. Denn ihr Nährwert ist enorm und sie lassen sich vielseitig verwenden. Hier stellen wir Ihnen unsere Favoriten vor, allesamt Produkte, die es überall zu kaufen gibt und mit denen Sie köstliche Gerichte zubereiten können.

Getrocknete **Kichererbsen** werden erst eingeweicht oder kurz gekocht, bevor sie zum Beispiel gemahlen und zu Talern verarbeitet werden, die sich gut zum Frittieren eignen, oder in einer Füllung, einem Ofenauflauf oder einer Spaghettisauce landen.
Für die Verwendung in Salaten, Eintopfgerichten oder als Püree müssen Kichererbsen allerdings länger gekocht werden. Zusammen mit Gemüse und Kräutern lassen sich daraus wunderbare Brotaufstriche oder Saucen herstellen. Wer wenig Zeit hat, kann auch Kichererbsen aus der Dose nehmen. Die sind oft schon weicher als lang gekochte Kichererbsen und lassen sich besser pürieren. Sie können sie auch gut mahlen und als Stärke zum Beispiel für eine Suppe verwenden.

Wer frische Ackerbohnen findet, sollte sich diese Chance nicht entgehen lassen. Aber auch getrocknete **weiße Bohnen** oder die hellgrünen **Flageolettbohnen** sind köstlich. Wie die Kichererbsen können Sie auch die kurz gekochten oder frischen Bohnen grob mahlen und für Füllungen verwenden oder zu Talern verarbeiten, die Sie dann frittieren können. Bohnen, die lange genug gekocht wurden, oder Bohnen aus der Dose lassen sich gut pürieren. Mit etwas Olivenöl und Zitronensaft verfeinert schmeckt dieses Mus wunderbar. Bohnen passen gut in Eintopf- und Nudelgerichte und lassen

sich auch bestens mit Tomatensauce kombinieren. Natürlich eignen sich Bohnen auch als Gemüsehauptgericht, zum Beispiel zusammen mit etwas gedünsteter Zwiebel, Zitrone und Sojarahm. Pürierte weiße Bohnen mit gehackten Kräutern vermischt ergeben einen herrlichen Brotaufstrich.

Rote Bohnen verwenden wir vor allem für ein Chili, allerdings ein Chili sin Carne. Lang gekochte rote Bohnen oder Bohnen aus der Dose schmecken in vielen Eintopfgerichten und Salaten köstlich.

Dank ihrer Größe haben **grüne** oder **braune Linsen** nur eine kurze Kochzeit. Eigentlich ist es eine Schande, dass sie heutzutage so selten verwendet werden. Die besten Linsen sind die **Puy**-Linsen. Dieser Sorte kann auch das Kochen nichts anhaben, dank ihrer festen Struktur eignen sie sich besonders gut für Salate. Andere Sorten können Sie gut für Suppen oder Kroketten verwenden. Linsen lassen sich wunderbar mit verschiedensten Gewürzen kombinieren. In etwas Sojasauce gekocht, ergeben sie ein schnelles und leckeres Essen.

Rohe **rote Linsen** sind knallorange, durch das Kochen werden sie allerdings gelblicher und weicher, fast breiig. Es gibt nur wenige Produkte, die sich so mühelos zubereiten lassen wie rote Linsen. Verfeinert mit asiatischen Gewürzen, etwas Zitrone oder mediterranen Kräutern schmeckt Rote-Linsen-Püree einfach toll.

Sojabohnen kommen gekocht in vielen asiatischen Gerichten vor, aber meistens nehmen wir Soja in Form von Milch, Rahm, Granulat oder Tofu zu uns. Sojarahm ist eine unserer Lieblingszutaten, da er sich wunderbar für leichte Saucen eignet.

Nüsse

Nüsse sind wunderbare Zutaten, die aus unserer Küche gar nicht mehr wegzudenken sind.

Am häufigsten finden sich in Gerichten wohl **Cashewkerne**. Dank ihrer eher weichen Konsistenz – ähnlich der von Pinienkernen – und dem leicht süßlichen Geschmack sind sie eine beliebte und auch vielseitig verwendbare Zutat. In einigen unserer Rezepte stehen sie sogar im Mittelpunkt – entweder als ganze Kerne oder gemahlen.

Haselnüsse sind etwas härter, aber gehackt oder gemahlen sind sie in vielerlei Rezepten vonnöten, zum Beispiel für Nusstaler oder in Terrinen, Torten und Kuchen.

Seitdem es praktischerweise schon geschälte **Pistazien** zu kaufen gibt, lässt sich schwerlich eine Entschuldigung dafür finden, sie in der Küche nicht zu verwenden. Denn Pistazien haben einen sehr angenehmen Geschmack und verleihen schon optisch jedem Essen etwas Festliches.

Das **Mandel**mehl, das im Handel als Backzutat angeboten wird, können Sie auch problemlos in pikanten Gerichten verarbeiten. Wir vermischen dieses Mehl gern mit Kokosflocken und formen aus dem Teig Kugeln oder machen daraus herzhaftes Gebäck. Einfach köstlich!

Gehobelte Mandeln eignen sich geröstet bestens zum Garnieren von Salaten oder Nudelgerichten.

Erdnüsse kommen gemahlen zum Einsatz oder, noch weit öfter, als Erdnussmus, das Saucen, Wokgerichten oder exotischen Eintopfgerichten eine ganz besondere Geschmacksnote verleiht.

Walnüsse werden meistens ganz verwendet, zum Beispiel in Salaten, Reis- oder Wokgerichten.

Kokosflocken sind ebenfalls eine sehr vielseitige Zutat. Wir verwenden sie als Garnierung, für Saucen, in Gebäck, Terrinen und in exotischen Gemüseeintopfgerichten. Sie eignen sich auch für Füllungen, zum Beispiel von Frühlingsrollen, Hörnchen oder anderen Gebäckarten.

Kokosmilch ist ein fester Bestandteil unserer Küche geworden. Sie ist die Basis für fantastische Saucen und Gemüseeintopfgerichte. In zahlreichen Rezepten lässt sich Kokosmilch anstelle von Rahm und Kuhmilch verwenden und verleiht dem Essen einen äußerst delikaten Geschmack.

Fast alle Nüsse eignen sich auch zum Pürieren. Im Bioladen gibt es fertiges Mandelmus, Cashewkernmus oder Haselnussmus zu kaufen – auf Brot ausgezeichnet!

Samen und Kerne

Wenn Sie **Sesam** rösten, wird nicht nur die Farbe intensiver, sondern auch der Geschmack. Sesam passt gut in Füllungen oder lässt sich zum krönenden Abschluss über Gerichte streuen. Aus Sesam wird auch die bekannte Sesampaste **Tahin** hergestellt. Tahin ist, egal ob herzhaft oder gesüßt, ein köstlicher Brotaufstrich. In der Türkei wird Tahin mit Traubensirup gesüßt.

Der Geschmack von **Sonnenblumenkernen** ist leicht nussig. Geröstet schmecken sie wunderbar, wenn man sie über warme Gemüsegerichte oder Salate streut, sie können aber genauso gut auch in herzhaften Speisen zusammen mit Getreidekörnern oder Gemüse verwendet werden.

Pinienkerne sind zwar etwas teurer als andere Nusssorten, haben dafür aber auch einen ganz besonders exquisiten Geschmack. Dass gemahlene Pinienkerne ein Bestandteil von Pesto sind, dürfte allgemein bekannt sein, sie werden aber auch für Füllungen, diverse Nudelgerichte, Wokgerichte, Nachspeisen, Aufstriche und Salate verwendet, dann allerdings im Ganzen.

Geröstete **Kürbiskerne** sind eine gesunde und köstliche Nascherei, können aber ebenfalls über Salate und Gemüsegerichte gestreut werden. Auch diese Kerne können gemahlen und anschließend zu Kugeln verarbeitet und frittiert werden. Vielleicht haben Sie ja noch mehr Ideen, was Sie alles daraus machen können.

Aromen und natürliche Geschmacksverstärker

In dieser Rubrik steht die **Sojasauce** ganz oben. Wir verwenden sie in vielen exotischen Gerichten, aber auch in einigen klassischen Speisen. Sojasauce mit etwas Sojarahm vermischt ergibt eine braune Sauce, die es in sich hat. Und in Sojasauce marinierte Tofuscheiben oder -blöcke schmecken einfach gut! Wir nehmen besonders gerne **Tamari** aus dem Bioladen.

Öle gibt es mittlerweile viele verschiedene, aber auch wer „nur" **Sonnenblumenöl** und **Olivenöl** zur Verfügung hat, kommt schon sehr weit. **Nussöl** eignet sich bestens zum Verfeinern von Salaten oder für die Zubereitung von Herbst- und Wintergerichten. Bei **Sesamöl** ist Vorsicht geboten. Hier gilt: sparsam dosieren, denn Sesamöl schmeckt sehr intensiv. **Kokosfett** wird bei der Zubereitung von Asiagerichten verwendet, aber auch als Frittierfett zum Beispiel für Pommes frites.

So manches Gericht schmeckt noch ein bisschen besser, wenn es eine leicht säuerliche Note erthält. So kann beispielsweise ein Tropfen Zitronensaft den Geschmack eines Gerichtes optimal abrunden. Auch **weißer Weinessig** kommt bei uns oft zum Einsatz, **Aceto balsamico** eher selten. Und mit etwas **Senf** lässt sich jede Sauce und jedes Gemüsegericht schnell verfeinern.

Um Geschmackskontraste zu schaffen, haben wir immer **Oliven**, **Hefeflocken**, **Kapern**, **sonnengetrocknete Tomaten**, **getrocknete Steinpilze** und **getrocknetes Obst** zu Hause. Damit lässt sich auch wunderbar experimentieren.

Heutzutage sind **Algenprodukte**, sowohl frische als getrocknete, vielerorts erhältlich. Sie sind nicht nur gesund, sondern verleihen Suppen, Brühen, Saucen und Eintopfgerichten einen köstlichen, leicht salzigen Geschmack. Da Algen selten in größeren Mengen verwendet werden, betrachten wir sie eher als Aroma. Wir verwenden meistens **Hijiki** und **Wakame**.

FRISCHE PRODUKTE

Wir stellen Ihnen hier eine Auswahl frischer Produkte vor, die wir regelmäßig verwenden. Es ist eine ziemlich lange Liste geworden – der Beweis, dass Vegetarier wirklich nicht nur Salate essen.

Unterirdische Schätze: Wurzeln und Knollen

Die Grundlage für ein schmackhaftes Gemüsegericht liegt nicht selten unter der Erde. Unsere Vorfahren überlebten die langen kalten Winter oft nur, weil sie diese unterirdischen Schätze nutzten. Aber auch in den Sommermonaten sind einige von ihnen nicht mehr aus unserer Küche wegzudenken.

Oft fangen unsere Rezepte mit dem Satz an: „**Zwiebel** und **Knoblauch** abziehen und würfeln." Leicht angebratene Zwiebelwürfel haben einen herrlichen bitter-süßlichen Geschmack – die perfekte Basis für viele Gerichte. Für manche Speisen eignen sich **Schalotten** oder **Frühlingszwiebeln** sogar noch besser. Nehmen Sie sich immer genug Zeit für das Anbraten einer Zwiebel und genießen Sie den verführerischen Geruch von angebratenem Knoblauch.

Kartoffeln, Knollensellerie, Karotten und Lauch – wer kennt diese Gemüsesorten nicht? Aber wer weiß schon, wie vielseitig sie verwendet werden können? **Kartoffeln** zum Beispiel schmecken wunderbar in Eintopfgerichten mit milden Gewürzen. Der würzige Geschmack von **Knollensellerie** kommt ungeachtet der Tatsache, ob Sie ihn würfeln und dünsten, pürieren oder ungekocht verwenden, immer zur Geltung. **Karotten** haben wir immer vorrätig, denn sie sind ein unverzichtbarer Bestandteil vieler Gerichte. **Lauch** ist ein sehr beliebtes Gemüse, das nach dem Kochen schön weich ist. Für Saucen, Kuchen oder Füllungen schneiden wir Lauch meistens in Ringe und dünsten diese kurz an.

Allgemein bekannt, aber etwas weniger beliebt, sind Rote Bete, Schwarzwurzel und Steckrüben. Obwohl **Rote Bete** eigentlich eine durchschnittlich lange Kochzeit haben, werden sie im Laden häufig vorgekocht angeboten. Das ist schade, denn ungekochte Rote Bete ergeben einen köstlichen Salat. Natürlich ist diese Knolle mit der leichten Erdnote auch gekocht nicht zu verschmähen. Ein Tropfen Zitrone oder Essig, etwas Zucker oder auch Meerrettich und Anis passen gut dazu. **Schwarzwurzel** schmeckt mild und wird gekocht sehr weich. Wegen der klebrigen schwarzen Schale werden immer seltener frische Schwarzwurzeln verwendet. Als Alternative kommen Tiefkühl- oder Dosen-Schwarzwurzeln in Frage. Besonders gut zum Beispiel mit einer Zitronensauce. **Steckrüben** gibt es schon im Sommer, obwohl sie vielerorts eher mit Herbst- und Wintergerichten assoziiert werden, wie zum Beispiel einem Eintopf mit einer Senfsauce.

Meerrettich ist ein ganz besonderes Gemüse, schon eine ganz kleine Menge reicht aus, um ein Essen geschmacklich zu dominieren. Gerade für winterliche Gerichte eine wunderbare Ergänzung. Auch **Ingwerwurzel** verwenden wir fast immer als würzende Zutat. **Rettich**, **Daikon** (Riesenrettich) und **Radieschen** schmecken ungekocht sehr gut.

Pastinaken und Süßkartoffeln werden immer beliebter! Der mild-würzige Geschmack und die weiße Farbe von **Pastinaken** erinnern an Knollensellerie, nur schmecken Pastinaken etwas süßer. Pastinaken lassen sich mit einem Kartoffelmesser schälen und müssen nicht lange kochen. **Süßkartoffeln** oder **Batate** sind, was ihre kulinarische Verwendung angeht, nicht vergleichbar mit normalen Kartoffeln. Bezüglich Geschmack und Struktur erinnern sie eher an Karotten. Sie schmecken süßlich und sind einfach köstlich, wenn sie gewürfelt und mit Spekulatiusgewürz bestreut im Ofen gegart werden, aber auch püriert und in diversen Eintopfgerichten oder Gemüsekuchen machen sie sich hervorragend. Weitere Gemüsesorten, die sich immer stärker auf dem Speiseplan ausbreiten, sind **Kohlrabi** und der fast vergessene **Topinambur**.

Kohl

Blumenkohl und **Brokkoli** aus der Familie des Gemüsekohls sind eigentlich Blütenstände. Sie können sie dünsten, kurz kochen oder in Scheiben geschnitten mit Teig ummantelt ausbacken. Püriert lassen sie sich gut mit Kräutern und anderen Aromen kombinieren. Blumenkohl kann auch roh, in Röschen oder fein geschnitten, gegessen werden.

Es gibt auch einige Kohlsorten, bei denen die Blütenblätter noch nicht aufgegangen sind.

Weißkohl und der kleinere **Spitzkohl** bringen wir gerne mit Kümmelsamen oder Kreuzkümmel zusammen, übrigens nicht nur die geschnittene und in etwas Milch gekochte Variante. Auch wenn aus diesen Kohlsorten feiner, knackiger Salat zubereitet wird, passen Kümmel und Kreuzkümmel sehr gut dazu. Grob geschnittener Kohl schmeckt auch ausgezeichnet in Eintopfgerichten.

Beim **Kohlrabi** wird die oberirdische Sprossknolle sowohl gekocht als auch roh verzehrt.

Rotkohl ist sehr vielseitig verwendbar. Neben dem klassischen Rotkohl mit Äpfeln oder Rotkohlsalat mit Nüssen macht sich dieses Gemüse auch wunderbar in Wokgerichten zusammen mit Sojasauce oder gedünstet mit Currypulver und Kokosflocken. Warum sollten wir einheimisches Gemüse nicht auch einmal exotisch zubereiten dürfen?

Auch **Wirsing** passt in viele Gerichte, und von uns werden Sie sicherlich kein böses Wort über Kartoffelpüree mit Wirsing oder Eintopf mit Grünkohl, Steckrüben, Karotten und Wirsing hören, ganz im Gegenteil! Fein geschnitten und in der Pfanne gedünstet, schmeckt Wirsing allerdings ebenfalls köstlich, vor allem wenn er mit Kräutern der Provence verfeinert wird. Die Blätter des Wirsings lassen sich auch wunderbar ganz

unterschiedlich füllen, zum Beispiel mit einer Tofu- oder einer Gemüse-Käse-Mischung.

Da die Blätter des **Chinakohls** nur ganz kurz gekocht werden müssen, eignet sich dieses Gemüse, vor allem fein geschnitten, hervorragend für viele pfannengerührte Gerichte, zum Beispiel als Sojasprossenersatz. Gedünstet sind die Blätter des Chinakohls mit ihrem milden Geschmack ebenfalls zu empfehlen, und roh finden sie auch als Salat großen Anklang.

Um den kleinen **Rosenkohl** genießen zu können, würde man am liebsten den Winter herbeiwünschen. Diese Minikohlköpfchen sind besonders schmackhaft, wenn sie nach dem Kochen noch kurz angebraten werden. Sie eignen sich sehr gut für Wintereintopfgerichte und deftige Suppen.

Blattgemüse, Sprossen & Co.

Fast jedes Blattgemüse kann als Salat verwendet werden und benötigt nur eine kurze Kochzeit. Je kleiner und feiner das Blatt, umso kürzer die Kochzeit. Der Stängel und das Blatt von **Blattmangold** gehören zu den festeren Sorten dieser Gruppe. Der Stängel sollte erst geschnitten und dann gebraten werden, bevor das Blatt dazugegeben wird. Mangold schmeckt etwas erdig und ist eine ausgezeichnete Alternative zu Endivie oder Spinat.

Auch bei der **Endivie** empfiehlt es sich, sie zuerst kurz anzubraten. Deshalb eignet sich dieses Gemüse besonders für pfannengerührte Gerichte, zum Beispiel gewürzt mit einer ordentlichen Portion Knoblauch. Weil Endivie leicht bitter schmeckt, verarbeiten wir dieses Gemüse gerne in mediterranen Gerichten, etwa mit Oliven.

Dank seines milden Geschmacks und seiner angenehm weichen Konsistenz ist **Spinat** ein sehr vielseitiges Gemüse. Und ungeachtet dessen, ob sie ihn in einem Ofenauflauf, einer Suppe, als Füllung, in mediterranen oder Asiagerichten oder klassisch als Beilage verwenden, sollten Sie stets daran denken, dass die Blätter nur kurz gekocht werden dürfen, damit sie schön dunkelgrün bleiben. Spinat kann auch gut als Salat gegessen werden.

Umgekehrt lässt sich auch **Kopfsalat** dünsten und in Suppen verarbeiten – eine gute Alternative für Zeiten, in denen es viel Salat gibt.

Wir schätzen besonders die knackige Frische von **Eissalat**.

Der **Staudensellerie**, auch Stangensellerie genannt, hat feste Stängel, die sich sehr gut in Suppen oder Gemüsebrühe machen. Wir dünsten dieses Gemüse gerne an oder verarbeiten es frisch in einem Salat. Auch der würzige **Liebstöckel** schmeckt leicht nach Sellerie.

Eine besondere Erwähnung verdient der **Fenchel**. Denn diese Knolle mit ihrem leichten Anisgeschmack ist ein ganz besonderes, unverwechselbares Gemüse. Fenchel ist sehr vielseitig: Er kann gedünstet, gebraten, als Wokgemüse, püriert und roh gegessen werden.

Die **Artischocke** ist eigentlich eine Blüte. Vor allem das Herz, das tief im Inneren verborgen unter Härchen liegt, schmeckt gut. Die Blätter mit ihren gezackten Rändern können am unteren Ende abgeknabbert werden.

Die enorme Vielfalt der Pflanzenwelt macht das Gemüseangebot für unseren Speiseplan extrem groß. Manchmal greift auch der Mensch noch ein bisschen in die natürlichen Prozesse ein, so werden zum Beispiel bei **Chicorée** die jungen Blätter vor Sonnenlicht geschützt, damit sie schön weiß bleiben. Gedünstet und leicht angebräunt ist Chicorée sehr geschmacksintensiv. Dank dieses knackigen, leicht bitter schmeckenden Blattgemüses können wir auch in der Winterzeit herrlichen Salat zubereiten, gerade auch in Kombination mit **Senfblatt** oder **Feldsalat**.

Spargelstangen werden mit Erde bedeckt, damit sie weiß bleiben. Weißer Spargel hat einen sehr feinen Geschmack. Wer weißen Spargel ungern schält – eine Aufgabe, die äußerste Gründlichkeit erfordert, denn die Fasern können sehr störend sein –, sollte auf **grünen Spargel** zurückgreifen, da dieser nicht geschält werden muss.

Brunnenkresse und **Gartenkresse** verleihen einem Salat eine ganz besondere Note und machen sich auch hervorragend in Saucen. Genau wie **Kerbel** verwenden wir Kresse auch beim Zubereiten von Suppen.

Der etwas salzig schmeckende **Queller**, der zu den Fuchsschwanzgewächsen gehört, ist ein Geschmacksverstärker der Extraklasse.

Anders als die Sprossen von Lauch, Roten Beten, Linsen, Radieschen oder Luzerne schmecken **Sojasprossen** am besten, wenn sie kurz gekocht wurden.

Körner, Samen und frische Hülsenfrüchte

Vermutlich sind **Maiskörner** die einzigen Getreidekörner, die roh gegessen werden können. Einen gekochten Maiskolben sollten Sie immer noch in einer Pfanne anbraten und mit Salz würzen. Sie können den Kolben auch im Ofen rösten und dann genüsslich abknabbern. Wir verarbeiten die Körner am liebsten in Saucen, Suppen und Salaten.

Frische **grüne Erbsen** sind die einzigen frischen Hülsenfrüchte, die in unserer Küche regelmäßige Verwendung finden. Manchmal pürieren wir sie und kombinieren sie mit frischen Kräutern wie zum Beispiel Minze. Für alle Köche, die keine Zeit haben, um die Erbsen zu enthülsen, stellen Tiefkühl- oder Dosenvarianten brauchbare Alternativen dar.

Auch **Ackerbohnen** müssen enthülst werden. Gekocht eignen sie sich sehr gut für Salate, Suppen und Aufstriche.

Wenn wir von Bohnen sprechen, meinen wir meistens **Brechbohnen**, und zwar die ganze Bohne, nicht nur die Samen. Die goldene Regel, grünes Gemüse nicht lange und am besten nicht abgedeckt kochen zu lassen, gilt nicht zuletzt auch für Brechbohnen. **Zuckererbsen** haben inzwischen schon fast den Status einer Delikatesse erreicht. Und genauso wie Stangenbohnen passen auch die anderen Bohnen gekocht hervorragend in Wokgerichte, Salate oder Gemüseeintopfgerichte.

Pilze

Da der Anbau von **Champignons** und **Austernpilzen** relativ einfach ist, sind sie das ganze Jahr über erhältlich. Vor allem Champignons sind ein sehr vielseitig verwendbares Gemüse: Gedünstet reichern sie Suppen, Saucen und Ragouts mit ihrem typischen Geschmack an, auch gebacken sind sie eine Köstlichkeit. Wir verwenden Champignons gerne roh in Salaten, wobei wir reichlich Öl zugeben, damit sie dieses großzügig absorbieren können. Fein gehackt können Champignons sehr gut für verschiedenste Füllungen verwendet werden.
Austernpilze werden am besten ganz oder in Streifen geschnitten angebraten, ergänzen aber auch Eintopfgerichte vorzüglich.

Von den Wildpilzen hat vor allem der **Steinpilz** mit seinem sehr ausgeprägten Geschmack das Herz von Pilzliebhabern erobert. Leider gibt es diesen Pilz nicht häufig zu kaufen. Zum Glück gibt es aber gute Alternativen wie den **Pfifferling** (oder Eierschwamm) und die fein schmeckenden dunklen **Herbsttrompeten**.

Trüffel sind sehr teuer, da sie nur schwer zu finden sind. Da ihr Geschmack sehr intensiv ist, genügt allerdings auch eine geringe Menge. Deshalb werden Trüffel eher als Aroma, ja fast wie ein Gewürz verwendet. Anstelle der dunklen Trüffel werden aus optischen Gründen manchmal auch dünn geschnittene schwarze Oliven verwendet, obwohl die natürlich völlig anders schmecken.

Fruchtgemüse

Fruchtgemüse ist im Anbau unproblematisch und weist nur wenige nicht essbare Teile auf. **Tomaten** wie Cocktailtomaten, Strauchtomaten und Fleischtomaten sind vielseitig verwendbar und lassen sich gut mit Kräutern und Gewürzen kombinieren. Eine Tomatensauce wird erst so richtig köstlich, wenn sie aus verschiedenen Tomatensorten zubereitet wird. Und manchmal sind Dosentomaten auch eine gute Alternative.

Zucchini hat nur wenig Eigengeschmack und eine kurze Kochzeit. Gebraten oder gedünstet eignet sich dieses Gemüse bestens für würzige mediterrane oder Asiagerichte. Die **Aubergine** absorbiert mühelos große Mengen Öl oder Sauce und nimmt auch den Geschmack anderer Zutaten gut an. Wir braten Auberginen am liebsten in viel Öl an oder verwenden sie in Ofengerichten und Ragouts. Die heute gängigen Sorten sind meistens nicht mehr so bitter und müssen daher nicht unbedingt mit Salz vorbehandelt werden.

Gurken und **Gewürzgurken** verwenden wir sowohl roh als auch gedünstet, sie lassen sich gut mit Dill und Kreuzkümmel kombinieren und eignen sich auch für köstliche Suppen. Eine rohe Gurke kann als Hauptbestandteil für eine ausgezeichnete Gemüse-Kräuter-Vinaigrette dienen.

Avocados können Sie ganz kurz erhitzen. Um dem Verfärben vorzubeugen, müssen Sie etwas Zitronensaft dazugeben. Das Gleiche gilt für rohes Avocadomus.

Die unreife **grüne Paprika** schmeckt leicht bitter und somit völlig anders als ihre reiferen, süßer schmeckenden **gelben**, **orangefarbenen** oder **roten** Geschwister. Die viel kleineren **Chilis**, **Peperonis** oder **Jalapeños** schmecken sehr scharf. Waschen Sie sich deshalb nach dem Schneiden unbedingt immer gut die Hände.

Die kleinen **Kürbisse** mit der orangefarbenen oder dunkelgrünen Schale und dem orangefarbenen Fruchtfleisch werden wegen ihres vollen Geschmacks geschätzt. Sie können sie halbieren und entkernt im Ofen garen lassen oder in kleine Stücke schneiden und im Topf dünsten. Wir schälen Kürbisse oft gar nicht, denn die Schale ist meist essbar.

Frische Gartenkräuter

Wenn Sie noch eine kleine Ecke im Garten, auf dem Balkon oder in der Küche frei haben, dann sollten Sie unbedingt einige Kräuter anbauen. Sie werden staunen, wie oft Sie diese Kräuter verwenden werden und welche außergewöhnlichen Geschmackserlebnisse sie Ihnen bieten. Es gibt schließlich so viel mehr als nur Petersilie und Schnittlauch. Hier kommen unsere Lieblingskräuter:

Basilikum gibt es in zahlreichen Varianten, die alle gleich zu verwenden sind – für mediterrane Gerichte, in Salaten und herrlichen Salatdressings.

Bei **Koriander** scheiden sich die Geister, wir jedoch gehören zur Gruppe der Liebhaber. Da der Geschmack gewöhnungsbedürftig ist, sollten Sie Koriander am Anfang nur sparsam dosieren. Vor allem Asiagerichte können Sie mit ein paar Blättchen dieses magischen Krauts ganz besonders verfeinern. Verwechseln Sie Koriander nicht mit der ähnlich aussehenden **glatten Petersilie**. Der Geschmack dieses Krauts ähnelt dem von krauser Petersilie und Liebstöckel.

Der milde, leicht nach Anis schmeckende **Dill** gibt Salaten, gedünstetem Gemüse und Saucen die ganz besondere Note. Dieses Kraut können Sie bei Bedarf durch die zarten grünen Sprossen der Fenchelknolle ersetzen.

Selbstverständlich haben wir noch viel mehr Kräuterlieblinge: **Estragon** hat einen ganz besonders ausgeprägten Charakter und gehört zu den bevorzugten Kräutern eines jeden Kochs. Er lässt sich gut mit Senf und Currypulver kombinieren. Der erfrischende Geschmack von **Minze** verleiht Speisen einen Hauch von Exotik – trauen Sie sich ruhig und experimentieren Sie damit. Der Geschmack von **Schnittlauch** erinnert an eine ganz junge Zwiebel oder Lauch.

Früchte und Blüten

Beim Kochen verwenden wir auch sehr gerne Früchte, und das nicht nur zur Herstellung von Konfitüren, Chutneys oder Nachspeisen! **Äpfel**, **Birnen**, **Pflaumen**, **Aprikosen**, **Pfirsiche**, **Nektarinen**, **Mangos**, **Ananas** oder eine Handvoll **Kirschen** oder **Moosbeeren** (Cranberrys) geben vielen Gerichten die ganz besondere fruchtige Note. Darüber hinaus gibt es natürlich noch mehr Obst, das zu schmackhaften Experimenten einlädt. Eine **Melone** können Sie zum Beispiel gut in eine Vinaigrette mischen oder zu einer kalten Suppe oder einem Carpaccio aus hauchdünn geschnittenen Scheiben verarbeiten. Die **Grapefruit** ist eine Frucht, die süß, sauer und bitter zugleich schmeckt – eine tolle Zutat für ausgefallene Salate. Aus den anderen Zitrusfrüchten – **Zitrone**, **Orange** und **Mandarine** – stellen wir gerne Saucen her. Die abgeriebene Schale verwenden wir als Gewürz und den Saft zum Verfeinern von Gemüsegerichten. Eine ganz normale **Banane** können Sie frittieren, im Teigmantel ausbacken oder in Frühlingsrollen oder Beignets verwenden. In diesem Buch finden Sie sogar einen mit **Trauben** garnierten Gemüsekuchen.

Obwohl Blüten wie die der **Ringelblume**, des **Gänseblümchens** und der **Kapuzinerkresse** jedem Gericht eine pikante Note verleihen, nehmen sie in erster Linie eine dekorative Rolle ein. Das Auge isst schließlich mit! Auch mit gefüllten **Zucchiniblüten** schaffen Sie im Handumdrehen einen Gaumen- und Augenschmaus.
Das Aroma von **Holunder-**, **Orangen-** und **Lavendelblüten** ist mild und intensiv zugleich. Sie können einem Gericht damit den letzten Schliff verleihen.

Besondere Eiweißlieferanten

Wer sich vegetarisch ernährt, kann auf ganz besondere Eiweißlieferanten zurückgreifen, die der Einfachheit halber oft „Fleischersatz" genannt werden. Außer Eiweiß sind in diesen Produkten allerdings noch viele andere gesunde Stoffe enthalten. Einige dieser Fleischalternativprodukte haben gewisse Ähnlichkeit mit Fleisch, andere gar nicht. Die traditionellen Fleischalternativen sind nur wenig verarbeitet und bestehen aus Soja oder Weizen. Die neueren Fleischalternativen, die derzeit auf dem Vormarsch sind, sind deutlich stärker verarbeitet.

Tofu wird auch Sojakäse genannt, da er aus geronnener Sojamilch hergestellt wird wie normaler Käse aus Kuhmilch. Tofu ist ein frisches Produkt, das in Supermärkten, im Bioladen und Asialaden im Kühlbereich zu finden ist. Er hat keinen besonders ausgeprägten Geschmack, sodass er immer mit Kräutern, Gemüse oder Saucen gewürzt werden muss. Tofu kann auch geräuchert oder mariniert werden. Eigentlich ist der weiße Tofu eine sehr vielseitig verwendbare Zutat, doch der Gebrauch ist nicht ganz einfach. Tofu lässt sich braten, frittieren, dünsten und eignet sich auch für Saucen, Brotaufstriche und Nachspeisen. Im Bioladen finden Sie außer dem naturbelassenen Tofu auch Räuchertofu, der viel schmackhafter ist, und Tamari-Tofu, eine Variante, deren leicht salziger Geschmack von Sojasauce herrührt. Außerdem gibt es Tofu in weiterverarbeiteter Form, zum Beispiel als gewürzte Streifen, die sich für Wok- oder Pfannengerichte eignen, oder Sie können Tofu zerkrümelt wie Hackfleisch verwenden.

Seidentofu gibt es in Tetrapak-Verpackungen zu kaufen und kann gut im Vorratsschrank aufbewahrt werden. Dank seiner cremig-weichen Konsistenz eignet sich dieser besondere Tofu bestens als Grundlage für alle möglichen cremigen Zubereitungen. Wie normaler Tofu ist auch Seidentofu ziemlich geschmacksneutral.

Sojafleisch sollten Sie immer zu Hause haben. Dieses getrocknete Sojaprodukt, das auch TVP (textured vegetable protein) genannt wird, gibt es im Bioladen und Asialaden in zwei Varianten: fein und grob. Probieren Sie am besten erst die feine Variante aus. Diese ist leichter zu verwenden und eignet sich besser für Saucen, denn sie nimmt die Flüssigkeit und damit auch den Geschmack schneller auf. Wir verwenden sie manchmal für Spaghettisaucen, in Moussaka und Wokgerichten und für Füllungen.

Darüber hinaus gibt es noch **Sojahack**, ein ebenfalls getrocknetes Produkt, das in Bioläden und Supermärkten erhältlich ist und in einer Schachtel verpackt ist. In seiner Verwendung hat es keine Ähnlichkeit mit Tofuhack. Das Schöne an Sojahack ist, dass es ganz ohne Ei klebrig wird, auch wenn es mit fein geschnittenem Gemüse und Kräutern vermischt wird. Daher eignet es sich ausgezeichnet für Hamburger.

Tempeh wird aus fermentierten Sojabohnen hergestellt. Dieser Fleischersatz wird in Form einer dicken Wurst oder als weiße Scheibe angeboten. Tempeh wird in Scheiben geschnitten oder zerkrümelt. Der Geschmack ist nicht unbedingt jedermanns Sache und ist deutlich intensiver als der von Tofu. Mit einer guten Marinade oder einer gelungenen Kräutermischung lässt sich allerdings daraus etwas ganz Besonderes zaubern. Tempeh kann in der Pfanne gebraten oder frittiert werden und eignet sich für Wok- und Eintopfgerichte. Neben der normalen Variante ist auch eine geräucherte erhältlich.

Wenn Sie Fleisch durch ein Produkt ersetzen wollen, das auch wie Fleisch aussieht, sollten Sie zu **Seitan** greifen. Seitan wird aus Weizeneiweiß hergestellt, das übrig bleibt, wenn Weizenmehl mit Wasser vermischt und anschließend während des Knetens die Stärke weggespült wird. Danach wird das Eiweiß in Sojasauce gekocht, daher rühren die bräunliche Färbung und der leicht salzige Geschmack. Das Ergebnis ist ein Produkt mit einem herzhaften Geschmack und einer Beschaffenheit, die an Brot erinnert. Sie können Seitan braten, grillen oder frittieren. Seitan gibt es in Scheiben oder als Seitanhack. Probieren Sie ruhig mal verschiedene Marken aus, Sie werden merken, dass es beträchtliche Unterschiede zwischen den diversen Herstellern gibt.

Quorn ist eine sehr neue Fleischalternative auf der Basis eines Schimmelpilzes, der sehr reich an Eiweiß, Ballaststoffen, Magnesium und Zink ist. Die Struktur lässt sich bedingt mit der von Hühnerfleisch vergleichen. Quorn gibt es in kleinen Blöcken, gehackt, als Würstchen oder Schnitzel. Es werden mittlerweile auch Fertiggerichte mit Quorn angeboten. Quorn ist allerdings nicht geeignet für vegane Gerichte, da es Hühnereiweiß als Stärke enthält.

Abschließend sei darauf hingewiesen, dass es eine enorme Palette an **verarbeiteten Produkten** gibt. Jeder Supermarkt hat ein eigenes Sortiment mit frischen und Tiefkühlprodukten, und auch das Angebot in Bioläden variiert sehr stark. Die Basiszutaten, aus denen diese Fleischersatzprodukte hergestellt sind, können sehr unterschiedlich sein – Soja in verschiedenen Darreichungsformen, Hülsenfrüchte oder eine Kombination aus Gemüse und Getreide. Am besten lassen Sie sich bei Ihren Einkaufstouren überraschen und entdecken all die Möglichkeiten, die Ihnen Supermärkte oder Spezialgeschäfte bieten.

Register

Herbst

Winter

ALPHABETISCHES REGISTER

C